培养孩子的

的

社会情感

家庭中的SEL

张宏武 刘奕敏 薛圆圆 著

速溶综合研究所 图

学习能力

机械工业出版社

CHINA MACHINE PRESS

培养孩子的社会情感能力需要从家庭中开始。本书基于阿德勒心理学的理念，结合中国文化，以及作者在学校和家庭教育中的多年实践，针对如何在家庭中着重培养孩子的社会情感能力，提供了大量实操性的方法、工具和亲子游戏，如"平静选择轮""为自己写诗""闪光自画像"等，帮助中国父母提升认识，掌握方法，更好地辅助孩子成长。

图书在版编目（CIP）数据

培养孩子的社会情感学习能力：家庭中的 SEL / 张宏武，刘奕敏，薛圆圆著；速溶综合研究所图 . — 北京：机械工业出版社，2022.6（2024.10 重印）

ISBN 978-7-111-70433-1

Ⅰ.①培⋯ Ⅱ.①张⋯ ②刘⋯ ③薛⋯ ④速⋯ Ⅲ.①儿童教育－家庭教育 Ⅳ.①G782

中国版本图书馆CIP数据核字（2022）第048784号

机械工业出版社（北京市百万庄大街22号 邮政编码100037）

策划编辑：刘文蕾 丁 悦 责任编辑：刘文蕾 丁 悦
责任校对：张亚楠 李 婷 封面设计：吕凤英
责任印制：郜 敏
三河市骏杰印刷有限公司印刷

2024 年10月第1版第3次印刷
165mm × 225mm · 15.25印张 · 227千字
标准书号：ISBN 978-7-111-70433-1
定价：59.80元

电话服务
客服电话：010-88361066
　　　　　010-88379833
　　　　　010-68326294
网络服务
机 工 官 网：www.cmpbook.com
机 工 官 博：weibo.com/cmp1952
金 书 网：www.golden-book.com
封底无防伪标均为盗版
机工教育服务网：www.cmpedu.com

推荐序

社会情感学习能力是奠定人格教育的基石

感谢慧育家总经理桂智伟先生的邀请，让我有机会为《培养孩子的社会情感学习能力：家庭中的SEL》撰写序言。社会情感学习是我感兴趣的主题，我在广州海珠区第二实验小学教育集团也有相关的实践探索。

我与张宏武老师和刘奕敏老师结缘于广州市首届"积极教育领导力教师高研班"的专题讲座。她们两位把SEL社会情感学习的种子种在每位教师的心里，为老师们的教学生涯注入了新的活力，也给老师们的教育观念打开了新的视野。老师们在畅谈"课程印象"环节纷纷表示，获益良多。

三位作者在社会情感学习领域耕耘多年，是这个研究领域的领军人物，在全国各地开展SEL社会情感学习相关课程，赋能教师，赋能家长，赋能孩子。她们不仅在这个领域潜心研究，同时积累了许多实战经验。我相信这本书的出版，对于孩子，对于父母，对于家庭，乃至于对于整个社会来说，都会带来极大的帮助。

也正是从社会情感学习出发，广州市海珠区第二实验小学教育集团构建了"新六艺"课程，而且把人格教育作为第一教育任务，让社会性情感和批判性思维作为并驾齐驱的两个课程。社会情感学习能力既是推进知识学习的动力系统，也是独立的教育目的之一。

《培养孩子的社会情感学习能力：家庭中的 SEL》分成三大部分：一是建立良好的亲子关系；二是培养社会情感学习的六大能力（情绪力、自信力、执行力、社会力、沟通力、思辨力）；三是社会情感学习的应用良机。作者结合国内外多年的研究成果与本土的实际教育案例，为父母培养孩子的社会情感学习能力提供了许多行之有效的技能和方法。

阿德勒有言："幸运的人一生都被童年治愈，不幸的人一生都在治愈童年。"影响孩子成长的关键因素不是学校教育，而是家庭教育。因此，在孩子早期就应该培养他们的社会情感学习能力。本书正是值得父母人手一册的实用教育手册。

刘良华
华东师范大学课程与教学研究所教授
广州市海珠区第二实验小学教育集团总校长

目录

第三阶段　社会情感学习的应用良机 _190

第九章　开好家庭会议 _191

第十章　应对家庭教育中的挑战 _211

引 言

在家庭中培养孩子的社会情感学习能力

早晨，我们经常会看到一对对母女、父子、祖孙，在上学的路上，说着，笑着，哭着，恼着，沉默着，急匆匆地从身边走过，不禁让人浮想联翩：

教育到底是什么？

什么是好的教育？

作为父母，我们要为孩子提供什么样的教育？

自古以来，哲学家、教育家都对教育有着各自深刻的见解。从孔子、卢梭、卡尔·威特到陶行知，教育者们一致认为，教育，总归是要以孩子为中心的。

以孩子为中心的教育，目标到底是什么呢？或者说，我们到底要把孩子培养成什么样的人？教育的目标，从来都离不开社会时代和价值观的影响。今天，相信大多数人认为，教育，不仅能够帮助一个人过上有尊严的生活，在社会上有立足之地，而且还能让他有机会实现梦想，成就自我，与此同时，社会得以进步，个人和群体获得成长。

那么，为了达成这个目标，教育的内容是什么？记得小时候父母经常叮嘱我们，好好学习，门门都要考 100 分！相信今天的孩子也背负着同样的期待。考 100 分，更关注的是孩子认知能力的发展以及知识的积累。问题是，这就够了吗？在华东师范大学 SEL 研讨会上，黄忠敬教授提出了三个问题：

为什么物质生活水平提高了，孩子的心理问题却越来越多？

为什么学校变得越来越漂亮了，而学生的幸福感和学习满意度却下降了？

为什么我们所认为的好学生，比如高考状元，在走上工作岗位之后没有取得人们所期待的成绩，没有成为各行各业的领头羊？

这些都是值得我们每个家长和教育者去思考和重视的问题。一个人，一个完整的个体，必然是情感和理性的统一体，仅仅有理性、知识是不够的；一个人，也是生活在种种关系中的人，必然需要具备社会能力，才能与他人合作与联结。因此，儒家的"学"，为的是培养具备仁义礼智信的君子，学的是做人。如果把一个人比作一列火车，知识性学习与社会情感学习就是它的两条铁轨，缺一不可。只有知识学习能力和社会情感学习能力兼具，教育才是人之为人的教育。

社会情感学习能力是指，一个人能够认识并管理自己的情绪；识别他人的情绪并给予恰当的回应；设立合适的目标；维持良好的人际关系；获得解决问题的技能，并做出负责任的决定的能力。

"社会情感学习"的提出，要追溯到美国二十世纪七八十年代。随着经济的高速发展，青少年群体出现了暴力倾向、校园霸凌等很多社会问题。为了解决这些问题，教育界和学界采取了种种办法，最终发现，社会情感学习是解决青少年情感缺失的好方法。在 CASEL（Collaborative for Academic, Social and Emotional Learning，学术、社会情感学习协会，一个促进社会情感学习的合作组织）的推动下，美国各州通过了将 SEL（Social Emotional Learning, 社会情感学习）纳入必修课的议案，各类 SEL 研究、课程和实践蓬勃发展，从此美国教育更加关注人，而不仅仅是知识的传递。

CASEL 将 SEL 定义为一个能力模型，包括五大重要的能力——自我意识、自我管理、社会意识、人际关系和做负责任的决定。换言之，一个具有社会情感能力的孩子，往往拥有冷静不冲动（情绪力），豁达不放弃（自信力），行动不拖延（执行力），仁爱不自私（社会力），求同也能存异（沟通力），思路清晰有主见（思辨力）等各种品质。

这些品质的培养，一定离不开文化和价值观的支撑。社会情感学习在中国其实也不是什么新鲜事。旧日蒙学，开笔写的第一个字，是"人"。孩子们除了学习认字，还要学习"洒扫、应对、进退"，学的是如何与他人、与环境相处，如何合作，如何贡献。随后，传统文化通过琴棋书画，通过礼义廉耻，通过仪式感，以不同的方式陶冶情操，修齐治平。儒家传统教育的根本是"仁"，因此，仁，爱人，可以说是社会情感学习的灵魂。在某种意义上来说，舶来的 SEL 也更关注教育背后的"人"，与中国传统教育的精髓相呼应，在能力模型背后也无时无刻不在体现着"仁"的光芒。

CASEL 认为，SEL 需要学校、家庭和社会的共同努力。在国外，学校是 SEL 教育的主要场所。在中国，也许，从家庭开始的路径更为有效。为什么这么说呢？

首先，中国人自古重视教育，中国的家庭教育中自然包含着"仁"的教育。

其次，百善孝为先。家庭既是一个人社会情感学习能力发端的地方，更是社会情感学习能力发展的重要场所。丹尼尔·戈尔曼在 SEL 的奠基之作《情商》一书中写道："家庭和童年期是影响情商的重要场域和阶段。"

最后，家庭里的社会情感学习是目前学校教育的良好补充。国家提倡家庭教育，家庭教育教什么？一定是教学校里不教或者教不了的东西。在一次夏令营活动中，有个孩子动不动就发脾气，一个女孩联合其他孩子在宿舍里建立了冷静角，帮助这个孩子疏导情绪，到夏令营结束的时候，"她好了很多"，女孩非常自豪地说。她把自己在家庭和 SEL 夏令营学到的方法用到了生活中。

在家庭里开展社会情感学习，切忌将孩子当成教育的对象。教育，是通过教育和孩子共同成长的过程。鲁道夫·德雷克斯曾经说过，**真正的教育是对教育者的教育。**父母是孩子的第一任教育者，也是影响孩子一生的重要陪伴者，在社会情感学习上尤其如此。

在此，谨以本书送给深深爱着孩子的父母。希望更多的父母把它当成和孩子一起成长的"好朋友"，而不是拿来"对付"孩子的工具。

第一章 父母需要具备的社会情感学习能力

父母始终与孩子紧密联系在一起。

父母照顾孩子的方方面面，参与孩子每一天的成长；而孩子也会在懵懂中模仿并学习父母的行为，响应父母的要求。

可以说，父母是孩子的第一任老师，家庭是孩子的第一所学校。

因此，作为所有教育之基的社会情感学习能力就应当从家庭开始培养。

家庭是培养社会情感学习能力的重要场所

我们将从一个测试开始，让各位父母对自己目前的社会情感学习能力有所了解；然后介绍一个可供父母参考的、培养孩子社会情感学习能力的 CLEAR 模型，让父母了解自身所需具备的核心能力；最后通过家庭社会情感学习能力培养模型，助力父母引导孩子掌握社会情感学习能力。

1. 父母是培养孩子社会情感学习能力的第一责任人

社会情感学习能力包括五大重要的方面——自我意识、自我管理、社会意识、人际关系和做负责任的决定。父母作为孩子的第一任老师，无时无刻不在潜移默化中影响着孩子。如果父母以身作则，那么孩子通过观察、模仿和练习，就会从生活的点点滴滴中学习到识别情绪、控制冲动、管理压力、相互尊重、团队合作、解决问题等能力。

通过社会情感学习能力解决各种问题

- 识别情绪
- 了解自我
- 突出优势
- 建立自信
- 提升自我效能

- 识别问题
- 分析问题
- 解决问题
- 评估
- 反思
- 承担责任

自我意识

做负责任的决定

- 控制冲动
- 管理压力
- 养成自律
- 自我激励
- 设定目标
- 组织能力

自我管理

人际关系

- 积极沟通
- 社会参与
- 建立关系
- 团队合作

社会意识

- 换位思考
- 善于共情
- 欣赏多样性
- 尊重他人

（注：此图基于 CASEL 的 SEL 定义制作，www.casel.org）

如果父母在家庭中以暴力解决问题，那么孩子也可能会用暴力解决他们遇到的人际冲突，因为他们没有从父母那里学到除了暴力以外的其他解决办法。

父母也是孩子的第一任合作伙伴。孩子在家庭中学会相互尊重与合作，才能把这种尊重与合作的能力应用到更多的场合。曾经有过这样一则感人的公益广告：妈妈为老人洗脚，于是孩子也为妈妈端来了洗脚水。

因此，父母做好榜样对于培养孩子的社会情感学习能力起着非常重要的作用。即便孩子有机会在学校习得社会情感学习能力，如果父母不能在家庭中树立正确的榜样并持续给予正面影响，那么也有可能抵消孩子已经习得的能力，甚至带来负面影响。

一年级的社会情感学习课上，孩子的学习内容是，用"＿＿＿＿＿＿（事情）让我烦恼，我希望＿＿＿＿＿＿"的方式礼貌地表达自己的愿望，课后作业则是回家和父母练习。

回到家后，孩子对爸爸说："家庭作业太多让我烦恼，我希望世界上没有作业。"

爸爸一听就跳了起来，忍不住教训孩子："学生的天职就是学习，天天就想着玩，太不像话了！你不学习就没出息，以后睡大街！"爸爸非常生气，拒绝与孩子合作完成练习："你这都学的什么玩意儿，有什么好说的！"

孩子被爸爸的怒火吓到了，小心翼翼地说："爸爸，您别生气。"

爸爸可能觉得自己为这点儿小事生气没面子，否认说："我生什么气？我压根儿就没生气！"

在这个案例中，孩子不仅没能从爸爸那里学习到礼貌的沟通方式，可能以后也不敢向父母表达自己的真实想法了。孩子感受到了爸爸的怒火，爸爸却矢口否认。在家庭里发生的这一切，与学校里的社会情感学习相悖，这非常不利于孩子的成长与发展。

在教育上，我们一直倡导家庭、学校、社会三位一体。同理，在社会情感学习能力培养上，孩子除了在家庭中向父母学习，也需要与老师、同伴在学校和社区环境中互动学习。

因为亲子关系、师生关系、同伴关系是孩子在成长阶段必须要面对的三类主要关系，父母、老师和同伴是孩子建立社会情感学习能力的重要影响者。三方配合，才能保证孩子的全面发展。

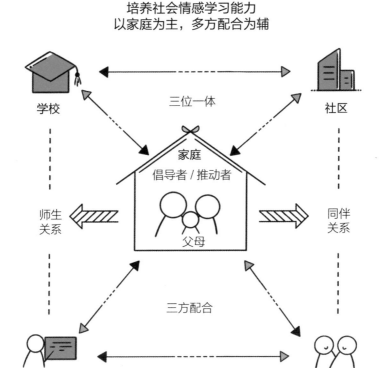

如果父母能够率先认识到社会情感学习的重要性，成为社会情感学习的倡导者和推动者，那么就能带动老师和学校，甚至影响到教育的改革。

我们已经看到，在一些学校，家委会开始关注社会情感学习，组织父母学堂，使父母自身的社会情感学习能力得到提升，与孩子和老师的沟通、合作更为和谐，继而使老师和学校也意识到社会情感学习的重要性，推动社会情感学习在学校的实施，真正使其产生效果与益处。

因此，培养社会情感学习能力不仅需要父母和孩子在家庭中形成学习共同体，父母、孩子和老师也要形成更大的学习共同体，其中的每个人都需要鼓励。

我们相信，这样全方位的学习共同体能够有效提升孩子的自律性，教会孩子化解矛盾冲突，学会控制情绪，更好地处理人际关系，从而获得幸福感。这样的社会情感学习能力将会让孩子终身受益。

2. 父母的社会情感学习能力测试

父母希望孩子呈现出相应的能力、态度和行为，就必须以身作则，先要习得这样的能力、态度和行为，然后才能潜移默化地教授给孩子。

父母可以通过以下测试，了解自己的社会情感学习能力水平。这个测试没有总分评估，只会引导父母关注自己的最高分（3分）和最低分（-3分）的选项，旨在帮助大家进一步了解自己的社会情感学习能力处于什么水平。

父母的社会情感学习能力测试

阅读以下内容，根据相符程度在括号中填写数字 1~3，1 是一般符合，2 是较为符合，3 是特别符合；同理，不符合的则酌情填写 -1 到 -3；不好判断的请写 0。

自我意识

1. 我能够觉察、感知并且说出自己当下的感受或情绪。　　　　　（　　　）

2. 我了解自己为什么有此感受，并且知道它如何影响我的行为。　（　　　）

3. 我知道自己的想法是什么。　　　　　　　　　　　　　　　　（　　　）

4. 我知道自己为什么有这样的想法，以及它如何影响我的行为。（　　　）

5. 我能够恰当表达自己的感受和想法，既不隐藏，也不冲动。　（　　　）

6. 我了解我的优势和我的局限分别是什么。　　　　　　　　　（　　　）

7. 我是自信的、乐观的，并愿意不断学习和成长。 （　　）

自我管理

1. 当我有情绪的时候，我能够管理自己的情绪和行为。 （　　）

2. 即便在有情绪的情况下，我仍然能够做出积极、有益的反应。 （　　）

3. 我能够为自己设定目标，并为目标而努力。 （　　）

社会意识

1. 我能够理解别人的感受和想法。 （　　）

2. 我理解别人为什么有此感受和想法。 （　　）

3. 对于类似"老人倒地要不要去扶"的问题，我知道该怎样正确处理。（　　）

4. 当我需要支持的时候，我知道可以向哪些社会资源寻求帮助。 （　　）

人际关系

1. 相对于事来说，我对人更感兴趣。 （　　）

2. 我认为自己在倾听、沟通、合作、协商和解决冲突方面的能力很强。（　　）

3. 我能够恰当地表达我的需要，并寻求帮助。 （　　）

做负责任的决定

1. 当我做一件事的时候，我了解我的行为可能对自己和他人造成的后果。

（　　）

2. 我确信我的行为符合道德标准和社会准则。 （　　）

3. 我能够创造性地解决问题。 （　　）

4. 我做出决定的时候，既会考虑自己的利益，也会考虑他人和集体的利益。

（　　）

请找出标记为 3 的选项。恭喜你，这是你的长处，请继续发扬。

请找出标记为 -3 的选项，这是你需要改进和提升的方面。

通过以上测试，我们可以了解到，社会情感学习能力就是我们待人处世时体现出来的种种特质，也是社会情感学习能力的培养目标。测试中的每句话都体现着社会适应能力和处理问题的能力，需要长期有意识的培养。

为了让孩子茁壮成长，同时拥有良好的素养，接下来我们就一起来看看父母教授社会情感学习能力时所需掌握的CLEAR能力模型。教学相长，希望父母在此过程中，也能获得自身社会情感学习能力的提升。

父母教授社会情感学习能力的CLEAR模型

著名心理学家阿德勒在《自卑与超越》一书中指出："所谓母亲的技巧，我们指的是她和孩子合作的能力，以及她使孩子和她合作的能力。这种能力是无法用教条传授的。所有的技巧都是长期训练和培养的结果。"此处提及的能力和技巧，阿德勒称之为"母道"。在本书中，我们将其拓展为"父母之道"。父母之道正是我们教授孩子社会情感学习能力时，自身所应具备的能力。

带着自测过后的觉察与反思，我们来学习CLEAR模型。

这个模型反映着父母之道，代表着若要有效地教授孩子社会情感学习能力，父母所需要具备的五种能力：

- 联结——Connect（C）

联结是指父母对孩子具有真正的兴趣和发自内心的爱，体现在父母对孩子表达关心，有同理心，能够换位思考等方面。亲其师，信其道。联结是社会情感学习能力培养的基础。

● 倾听——Listening（L）

真正的倾听基于联结，它不仅仅是一个听的动作，更是放下评判和成见，从心底"听懂"孩子诉求的过程。

● 鼓励——Encouragement（E）

美国儿童心理学家、教育家鲁道夫·德雷克斯说："孩子需要鼓励，就像植

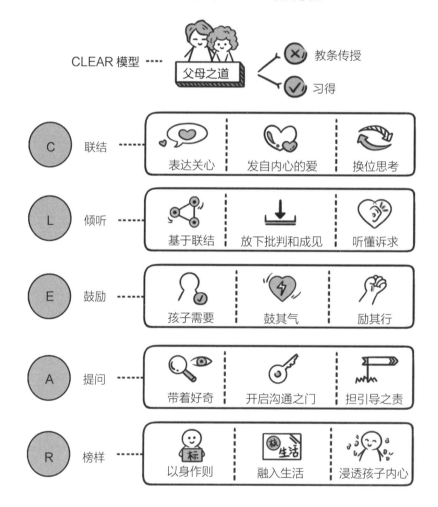

父母应掌握的 CLEAR 能力模型

物需要水。"善为师者，鼓其气，励其行。亦如阿德勒所说："训练他们过一种独立、合作而充满勇气的生活。"

● 提问——Ask（A）

提问是指带着真正的好奇，通过提问开启理解与沟通之门，并行使引导之责。

● 榜样——Role Model（R）

"其身正，不令而行；其身不正，虽令不从。"我们希望培养孩子良好的品质和能力，那么我们自己就要以身作则，将榜样的能量融进生活里，浸透到孩子内心。

虽然我们尝试将父母之道具象化，但是"这种能力是无法用教条传授的"。好消息是，这些能力可以习得。

1. 联结（Connect）

（1）什么是联结?

联结是一种心连心的感觉，是我们需要彼此，也希望在彼此的眼神中看见自己的那种状态。

在心理学上，联结是指一种人与人之间的相互看见、理解和互通感。联结是在人们与他人的互动中完成的。联结能整合身心，提升自我价值，增强一个人与自己、与他人的关系。

昕昕是姥姥带大的孩子，昕昕的爸爸妈妈都很忙，她出生没多久就被送到姥姥家了。睡觉时姥姥总是轻轻拍着她的背，唱着儿歌或者讲着故事，而昕昕则要摸着姥姥的耳垂才能安心睡着。

姥姥身上有淡淡的香皂味，让昕昕觉得很安心。现在，爸爸妈妈将昕昕接到城里上学，昕昕每次想起姥姥，便觉得心里暖暖的，仿佛她和姥姥之间有根看不见的线，连着彼此。

上述案例中昕昕与姥姥之间的那种感觉就是联结。请回忆一下，从小到大谁照顾你、在乎你，认为你足够好、很特别？他说了什么、做了什么，带给你这些感觉？可以边回忆边写下来。

读一读你写下的答案，你将体会到，联结是对孩子拥有真正的兴趣，是对孩子发自内心的、无条件的爱，体现为关心、爱护、体贴、共情，传达着"我关注你，我在乎你，你在我眼里足够好，你是独一无二的"等信息。

（2）联结的重要性

联结是社会情感学习的基础。

人天生是社会性的存在，人的生存、学习都需要依赖他人。心理学研究表明，联结是意识形成的核心环节，关乎个体心理的形成。在婴幼儿时期，儿童与其主要看护者建立联结，产生心理纽带，学习由此发生。

英国曼彻斯特大学的心理学教授爱德华·特罗尼克做过一个非常著名的实验——静止脸实验（Still Face Experiment）。在第一轮实验里，妈妈面对自己一岁多的孩子，微笑着和孩子对视，有说有笑，气氛轻松而愉快。此时孩子情绪稳定，开心地对妈妈做出积极的回应。在第二轮实验中，妈妈面无表情地来到孩子面前，孩子看了看妈妈，有些困惑，开始尝试用各种方式吸引妈妈的注意，然而妈妈一直保持面无表情的状态，不到两分钟，孩子变得惶恐，到处张望，然后崩溃哭泣。实验证明，在妈妈对孩子毫无反应的这段时间，孩子的心跳加速，体内压力激素增加，如果持续下去，他大脑关键部位的细胞可能会死亡。

联结，形成关系；关系，是我们稳定生活的基础。

父母与孩子的联结，是孩子与他人交流的开始。这种亲子联结将成为孩子成长过程中最重要的长期关系，也将为孩子搭建起逐步探索外部世界、勇敢面对未来生活的基础。

（3）如何建立联结？

有人说，联结更多建立在生物学基础上，或者称之为本能。那么，你能从对自身成长的回忆中，将建立联结的方法或步骤总结出来吗？

① 应对联结的挑战

如果你在与孩子建立联结方面遇到问题和挑战，可以尝试这些方法：

● 从成长经历中汲取力量

在"什么是联结"一小节中，如果你写下了"他说了什么、做了什么，带给你这些感觉"这个问题的答案，那么，这些答案可能会给你一些启发。比如，拥抱曾经让你感到彼此联结，那么就多抱抱孩子吧。

● 通过自问反思

请回答并思考以下两组问题，这些问题能够反映出你与孩子的联结状况。

第一组问题：

· 你能"看见"孩子吗？

· 你觉得他足够好吗？

· 他是如何知道的？

很多人会说："我当然能看见孩子，怎么会看不见？"然而，你看见的是什么呢？你看见的是如他所是的样子，还是和你的期望对比的样子，还是满眼都是他的不足？

美国人本主义心理学家卡尔·罗杰斯曾经说过："我所知道的最令人满足的一种感觉……是我像欣赏落日一般欣赏一个人时的感觉。如果让人们顺其自然，他们就会像落日一样美妙……当我在一个又一个黄昏欣赏落日时，我不会说'右边的橙色要再柔和一些，底部的紫色要再深一些，云彩上要再多加一些粉色'。我不会试图去控制落日，我只会心怀敬畏地观看它的变幻。"

你会像卡尔·罗杰斯欣赏落日一样，用心去欣赏你的孩子吗？孩子如何知道你能看见他、欣赏他？你可以告诉孩子你爱他，也可以用眼神向孩子表达你的爱意，让孩子与你建立联结。

第二组问题：

- 你在乎孩子吗？
- 你认为他很特别，独一无二吗？
- 他是如何知道的？

父母面对以上三个问题，几乎都会说："我当然在乎我的孩子，我也认为他很特别。"然而，孩子如何知道这一点呢？

你清楚他的小小愿望，你不错过他的重要演出，你为他的生日派对精心准备，在他情绪低落需要帮助的时候总在他身边……是的，孩子将从你的行动中，感受到你的在乎。而这一切，并不因为孩子的其他行为而改变，仅仅因为他就是他。

盖瑞·查普曼和罗斯·甘伯在《儿童爱之语》一书中写道："孩子需要你无条件的爱。也就是无论孩子的情况如何，都要爱他们。亦即不管孩子长相如何，有什么天资、弱点或缺陷，也不管我们的期望如何，还有最难的一点是不管孩子的表现如何，都要爱他们。"

② 从陪伴时间、言语和行动上建立联结

当我们从自身经历中汲取了力量，了解了和孩子联结的现状，还可以从哪些方面入手，让联结更紧密，让爱在亲子间流动呢？

● 陪伴时间

我们经常听到父母说："我的时间有限啊，我不是不想陪伴，是真的没时间。"此外，即便有时间，如何做才是高质量的陪伴，也是个问题。

孩子是我们生命中重要的人，教育孩子是我们生命中重要的事，那么，在重要的人和事上，我们分配了多少时间和精力？这是每位父母必须做出的选择。

高质量的陪伴是给予孩子全身心的关注，表达出"你很重要，我喜欢跟你在一起"，让孩子真正感受到被爱。

因此，父母和孩子定期度过专注彼此的特别时光，是表达"我真的在乎你"并建立联结的必要方式。我们亦将在第二章"亲子关系"中详细介绍。

● 言语

言语的力量不可低估。再也没有比听到父母口头上的肯定，即赞美和鼓励的话，更能使孩子感受到被爱了。

有太多成人倾诉，这辈子就想听到父母一句肯定的话，可是没有。很多父母频繁指出孩子的不足，认为是为孩子好，是在帮助他进步。

然而，能帮助孩子进步的，往往是鼓励和赞美，而不是挑剔。一味否定只会让孩子陷入自卑，失去自信。

● 行动

仅仅用言语建立联结是不够的，行动比言语更加有力。这些行动具体包括拥抱、赠送礼物等。

拥抱是最易于使用的爱语。许多研究表明：常被人拥抱、亲吻的婴孩，比那些长期被人忽视且无人碰触的孩子更容易发展出健全的感情。

有位妈妈曾经向我们咨询她 7 岁孩子的问题。她说："孩子不听话，经常和我对着干，不好好吃早饭，不好好写作业，真让人头疼。""这种状况多久了？"她说："自从有了二宝，大宝就变成这样了。""你上一次抱大宝是什么时候？"她怔住了，忽然泪下："还是生二宝之前。有了二宝之后，就没有抱过大宝。"她接着说："我回去要抱抱大宝"。

这位妈妈再来的时候告诉我们，回家抱了大宝，大宝哭了，叛逆的情形改变了很多。

此外，赠送礼物也是表达爱的有力方式。真正传达爱意的有意义的礼物会变成爱的象征，令人永生难忘。

有人担心送礼物会宠坏孩子而不敢给孩子买礼物，也有人正好相反，孩子要什么给什么，礼物多得很。这两种情况都忽视了礼物的意义——重要的不是礼物本身，而是礼物承载的爱。

总之，当你用心为孩子做事的时候，都是在建立联结。用心为孩子做事的最高目的在于帮助他学会通过服务的行动去爱别人。

这里有个微妙的界限，那就是"为孩子服务"作为爱的表达，和包办代替之间有所区别。服务的行动并不意味着事事都替孩子做，那将会阻碍孩子能力的发展；同样，不包办也不意味着所有事情都必须要孩子自己做，孩子在"被服务"的时候也会感受到爱的流动。

你还通过什么行动和孩子建立联结呢？仔细想一想，然后将爱付诸行动，收获心与心的联结吧。

2. 倾听（Listening）

我们常常听到有些父母抱怨：

"我告诉你多少遍了，你怎么总是做不到啊？"

"你没听见我和你说的话吗？"

我们往往把教育孩子当作信息的输出——不说怎么教呢？所以我们说了很多很多，然后苦恼于孩子怎么就听不见、记不住、做不到呢？

联结是教育的基础，所以重点不在于我们说了什么，而是我们有没有和孩子建立联结。即使有了联结，接下来仍然还不是单向的信息输出，而是先要进行信息输入——倾听。

没错，在我们说话之前，先要学会听。

（1）什么是倾听？

倾听是开启沟通之门的钥匙。有些父母经常抱怨，孩子不沟通，或者不听话。殊不知，沟通是双向的，既有输出也有输入，当我们只想着对孩子说，抱怨孩子不沟通、不听话的时候，首先要想一想，我们自己是如何倾听孩子的。

① 倾听是闭嘴不说话，为彼此创造沟通的空间

你有没有过这样的经验？两个人同时说话，双方听到的是一片噪声，什么有效

信息都听不到。这是为什么呢？

唠叨往往是父母的通病，闭嘴对很多父母来说真心不容易。当我们不断地说的时候，其实是把沟通、思考的空间全部填满了，没有把任何表达的机会留给孩子。

正在读初中二年级的叮当总喜欢玩电脑。妈妈提醒她之后，她会离开电脑去看会儿书或者运动一会儿，但是不久就又坐到了电脑前面。有一天，妈妈又开始唠叨，老玩游戏会影响视力，沉迷游戏会成瘾，而成瘾之后难以自拔……

叮当很有耐心地听完，问道："妈妈，你知道我用电脑在做什么吗？"

妈妈想了想，说："我注意到你在玩游戏。"

"那只是偶尔。我主要在电脑上做什么？"

"看视频，还有写作业。"

叮当又问："我看的是什么视频？"

"我不知道。"

"大多数时间我在看画画的教学视频，还有电影。"

妈妈很欣赏叮当能够心平气和地解释，也庆幸自己没有打断她。之前妈妈总是先入为主地认为，只要叮当坐在电脑前就是在玩游戏。现在她懂了，叮当是那么喜欢画画。

很多父母在教育孩子的时候，没有为孩子留出任何表达的空间，更没有花时间去了解孩子，倾听孩子。

闭上嘴巴倾听，能够帮助我们理解孩子。理解是联结和沟通的开始。

② 倾听意味着全身心的关注

闭上嘴巴对于倾听来说只是一个开始。另一个父母经常犯的错误是在孩子说话的时候，心不在焉。

假如你正在向领导汇报工作，领导一会儿看看自己的指甲，一会儿看看墙上的挂钟，后来索性拿出手机没完没了地看，你心里什么感觉？还想继续说下去吗？你也许辞职的心都有了。

遗憾的是，当我们漫不经心地"听"孩子说话时，孩子心里有着上述和你一样的感觉——不被重视、委屈，甚至愤怒，但是他没法向你"辞职"。

全身心的关注是倾听的要素，它表达着"你对我来说很重要，我很享受和你在一起的时光，我在听"；它需要我们和孩子建立联结，眼睛看着彼此，可能还有身体的接触，更重要的是心无旁骛，就在当下。

③ 不仅听到言语的内容，还要听出孩子的感受和需求

倾听不仅只是听到孩子说了什么，还需要结合孩子当时的语气、表情、肢体语言等，了解孩子真正想表达的是什么，他的真实感受、真正需求是什么。只有在倾听中了解的感受，体会孩子的需求，才能够真正"听到"孩子，理解孩子。

比如，一个孩子说："妈妈，今天老师没有来。"

如果仅仅看到这些文字，你能够体会孩子真正想表达的意思吗？

也许，孩子很开心，不用上课了；也许，孩子很失望，今天见不到最喜欢的老师了；也许，孩子很自豪，他做得仍然像老师在的时候一样好。

（2）如何倾听？

① 不评判、不批评、不指责，全然接纳地去倾听孩子

假如，作为妈妈的你兴致勃勃地想好了暑假的出游计划，去和孩子爸爸商量。可是，你刚一提出自己的想法，爸爸就针对每一个细节提出异议——太远、太贵、太忙、太晒、太累，总之哪里都不对。你一开始可能还试图解释，可是面对接连不断的反驳，你可能会选择沉默，拒绝沟通，也可能会心情烦躁，大吵一架。同样，在听孩子说话的时候，你是否常常会忍不住开始评判、批评、指责？

孩子和朋友从游乐园回来，兴高采烈地向妈妈讲起一天的趣事，可妈妈给孩子的回应却是：

"你都没喝水呀？怎么都不会照顾好自己呢？"

"哎呀，那太危险了！出事了怎么办？"

"怪不得你搞得一身脏，快去洗洗！"

父母这样鸡同鸭讲的聊天方式，很难和孩子同频，也很难与孩子建立联结。真正的倾听，是带着对孩子的全然接纳，放下任何预设、标准和评判，再次闭上嘴巴，敞开心去听。

②带着真正的好奇去感知孩子，探寻孩子话里话外的需求

倾听时，不仅要听孩子说的话，更重要的是探寻话语背后的情绪和真正的需求："你感到……你希望……"

很多父母都经历过孩子撒泼耍赖、找各种理由不去学校的情形，怒斥或是强行将孩子扭送到学校是很多父母常用的方式。其实，父母此时不妨静心感受一下孩子们话语背后的情绪和想法。

姐姐和妹妹不在同一所学校上学。有一天，姐姐学校放假，妹妹学校却照常上学。早上，妹妹起床准备上学，姐姐却准备和朋友出去玩。妹妹看着姐姐兴高采烈地和朋友打电话，忽然放下早饭，哭咧咧地对妈妈说："妈妈，我肚子疼。"

这有可能是妹妹不想上学的小伎俩，肚子疼也有可能是真的，怎么办呢？妈妈抱着她，用反射式倾听的方式，体察她的情绪，说出她的愿望："你肚子疼，心里难过。你还得去上学而姐姐不用去，你希望自己也能和姐姐一样出去玩。"

妹妹点点头，一下子哭出来了，她紧紧搂住妈妈的脖子说："我不要去学校！"

妹妹感到自己被妈妈理解了，沟通由此打开。妈妈答应等她放学后和姐姐一起陪她玩喜欢的游戏，妹妹这才安心去上学。

妈妈了解孩子的需求后，用温柔的拥抱和简短的话语，让孩子感到自己的心情被理解了。因此，孩子也愿意与妈妈沟通，听从了妈妈的安慰与建议。

3. 鼓励（Encouragement）

国产动画片《哪吒之魔童降世》上映后，引发了很多父母的思考。一开始，比起这个长着乌黑眼圈的哪吒，可能很多人更喜欢以前动画片里那个白白胖胖的小哪

吒。然而看完电影，我们喜欢上了这个生而为魔、桀骜不驯的哪吒。

因为他说："我命由我不由天！是魔是仙，我自己说了才算！"

这是多么大的内在力量！这些力量从何而来？

是父母不离不弃的爱和信任，是太乙真人的陪伴和理解，是敖丙的友情，让哪吒有了力量。而这些，正是鼓励。虽然生而为魔，虽然环境险恶，虽然命运多舛，但哪吒有爱他的父母，有懂他的师父，有信得过的朋友，他才有力量喊出："我命由我不由天！"

（1）什么是鼓励？

在中文里，"鼓""励"二字经常连用，清代刘献廷《广阳杂记》卷五中写道："臣惟亲列行伍，鼓厉官兵，水陆督战。"这里"鼓""厉"二字的出现似乎和军事有关，鼓励起来的是官兵的"勇气"。

英文中"鼓励"是 Encouragement，将后缀 ment 去掉，encourage 意为"使其有勇气"，和中文相似，也和"勇气"挂钩；再进一步去掉前缀，得到勇气 courage，而其拉丁词根是 cour，意为"心"。因此，英文中的"鼓励"还多了一层意思：由心而发。

父母的鼓励，往往能够鼓舞起孩子面对人生的勇气。在生活中的一点一滴、一言一语间，在一个眼神、一个拥抱中，都可以让孩子获得勇气。

● 鼓励关乎接纳

鼓励的前提是"爱你，如你所是"。曾经有位妈妈说："我没法鼓励儿子，因为他总是毛手毛脚，什么都做不好，我还怎么鼓励他？"妈妈没法接纳孩子的不完美，自然难以爱他，更何谈鼓励，长此以往，孩子的成长自然也就缺少了很多支持和能量。

● 鼓励关乎看见

父母需要看见的并不仅仅是孩子的成就或者做了什么事情，而是孩子本身。6岁的孩子给妈妈做了一碗泡面，妈妈需要看见的不仅仅是泡面，还有孩子的能力，更重要的是孩子对妈妈的关心。

● 鼓励关乎联结

联结也是一种鼓励。当父母和孩子心连心的时候，当父母懂得孩子的时候，当孩子明白父母一直在支持着自己时，这份联结，自然令孩子感到安全，生出勇气。

（2）以表扬和奖励来鼓励孩子，难道错了？

一谈到鼓励，人们往往会想到表扬和奖励。当孩子表现好时，伸个大拇指："你真棒！非常优秀！"再加上一个奖励，比如玩两个小时的电子游戏，孩子应该备受鼓励吧？

实则不然。不当的表扬和奖励不仅难以激发孩子的勇气，长此以往，还会破坏孩子的内在动力。

① 关于表扬

你可能听过父母这样表扬、赞美孩子：

"你这么快就学会了，真聪明！"

"画得真不错！你简直就是毕加索再世。"

"你真棒！毫不费力就考了 100 分。"

但是在这些表扬和赞美的背后，孩子听到的信息可能是这样的：

"如果我不能尽快学会，我就是个笨蛋。"

"我必须画自己能画好的，如果画不好，他们就不把我当毕加索了。"

"我还是别努力了，如果努力也做不好，他们就认为我一点也不厉害了。"

美国心理学家卡罗尔·德韦克在她畅销全球的成功心理学著作《终身成长》中提出了两种截然不同的思维模式：固定型思维（Fixed Mindset）和成长型思维（Growth Mindset）。典型的固定型思维认为"我生来就是这样的"，而成长型思维则认为"人是不断成长变化的，我可以突破自我，达成更高的目标"。大量的真实案例和研究表明，固定型思维对人的发展产生禁锢，而成长型思维则会激励人们终身成长。

所以，不当的表扬很容易让孩子不敢去尝试，不敢去冒险，不愿走出舒适区。而鼓励更关注过程和努力，更能够帮助孩子建立成长型思维模式。

与上面提到的表扬相比，鼓励可以是这样的：

"我注意到你在认真而高效地学习。"

"能给我讲讲你的画吗？这个用色很特别。"

"谢谢你为这次考试进行了大量准备。我相信你的成绩体现了你的能力。"

②关于奖励

赚取奖励意味着为别人做事以换取利益，意味着服从。因此，动力是来自外部的，而非发自内心。长期的奖励，会让孩子为了利益而做事，而不是为了事情本身的意义去做。孩子很可能会讨价还价，而非关注自身的成长。

在《驱动力》一书中，作者丹尼尔·平克指出，我们已进入了驱动力3.0时代，真正激励我们的是第三种驱动力，即自主、专精和目的。

虽然这是一本管理类图书，但作者也提到了第三种驱动力在教育中的应用。作为父母，如果我们看到孩子对于"自主、专精和目的"的需求，便更能够在这三个方面为孩子提供空间，创造机会，从最深处鼓励孩子，而这恰恰是鼓励的精髓。

③鼓励与表扬、奖励的区别

综上所述，鼓励与表扬、奖励的根本区别在于以下四个方面：

第一是关系。鼓励基于和孩子平等、尊重、合作的关系，而表扬和奖励的背后，则暗示着父母高高在上。它们和惩罚就像硬币的两面：当你做得好，达到我的期望时，我会表扬你、奖励你；反之，你搞砸了，我就要惩罚你。

第二是目标。鼓励的目标是孩子成长，而表扬和奖励实际上是为了达到父母的目标，而不是孩子的。比如，我们对孩子说："如果你考100分，我就奖励你一些棒棒糖。""考100分"表达的更多是父母的目标,而不一定是孩子自己的需求。"你真是个听话的孩子"仍然是父母的目标,让孩子听父母的话,同样没有考虑孩子的需求。

第三是长期效果。鼓励与表扬、奖励的区别还在于,长此以往,孩子更注重发展内在的力量,还是去寻求外部的认可?孩子发展出的是成长型思维,还是固定型思维?

第四是关注点。表扬往往比较泛泛,比如"你真棒",而鼓励通常会关注孩子具体做了什么,就像"我看到你为了准备考试而认真复习了整整一个星期"。另外,表扬更看重结果,而鼓励更关注过程。

对于鼓励、表扬、奖励这些概念,我们在了解之后,不必特别敏感,也不必特别纠结。

因为表扬也并不是对孩子完全没有好处,它也能让孩子感觉良好,就像糖果一样,偶尔的表扬是可以的。

关键不是你说的一两句话,而在于你的初心以及和孩子的关系,你的表扬是否能够真正帮助孩子成长,发展孩子的内心力量和责任感。

(3)如何鼓励?

鼓励有不同的方式,重要的是传递"我爱你,我在这里,我能看见你,我接纳你,我信任你,我支持你",让孩子产生"我能行,我可以"的力量和勇气。创造空间,让孩子勇于尝试是一种鼓励;在孩子退缩的时候,陪伴在他身边给他安慰,也是一种鼓励;在孩子情绪低落的时候,接纳他的沮丧,默默地递过纸巾,给孩子一个温暖的拥抱,也是一种鼓励。鼓励有时候不需要语言,有时候则要说出来。那么鼓励的话该如何说呢?

在"正面管教"课堂上,我们经常练习这三种鼓励方式:

描述型: "我注意到……",我注意到你遵守了时间表,按时完成了作业。

感谢型："谢谢你……"，谢谢你照顾弟弟，让我这一天很轻松。

赋予力量型："我相信……"，我相信你能够专注地练琴，就像你能够专注地搭乐高那样。

最好的鼓励方式是鼓励自己。只有自己爱的水桶加满了，才更有力量去鼓励身边的人。在你尝试鼓励孩子、家人、同伴时，请先用这样的方式来鼓励自己。

（4）鼓励 Q&A

Q："妈妈为你感到高兴""妈妈给你点赞"这种话算鼓励吗？

A：不管是鼓励还是表扬，语言的背后都体现了双方的关系和实际上给孩子传递的信息。问题中提到的这两句话，主体都是妈妈，传递的信息是：做这件事是为了让妈妈高兴，妈妈在评价孩子做得好不好，给人一种居高临下点评的感觉。所以，这两句话不是鼓励，仍然是表扬。

可以参考这两句话："妈妈注意到你刚才在努力地做数学题目。""对你来说很有挑战的题目你都做出来了，你应该感到很有成就感吧。"

Q：我答应孩子，考上理想的中学就给他买一部他一直想要的手机，全家还要一起聚餐庆祝。这算是奖励吗？

A：这个问题很有趣，提出了另一个概念——庆祝。买手机更像是奖励，因为手机本身和考上理想的学校不相关，它背后传递的信息是"为爸爸妈妈考上个好学校，爸爸妈妈就会赏赐你一部手机"，体现了父母高高在上，而孩子低矮就下的关系。而全家聚餐体现的是平等的关系，是我们所有人都参与的庆祝活动，背后传递的信息是"这件事是值得庆祝的喜事"，所以它不是奖励。

Q：孩子上小学一年级，我和孩子约定，如果他每天按时完成作业，就在日历上画个小星星；如果一个星期画满了，周末他就可以和我们睡。我们没有任何物质的奖励，这样做是鼓励吧？

Ａ：即便没有物质的奖励，这件事本质上仍然是奖励。这是因为父母把自己放在高高在上的位置，和孩子的关系并不平等。孩子仍然在为一件他渴望的却与学习不相关的事情——和爸爸妈妈睡而努力，而不是为了自律地完成作业、提高学习能力。和父母睡的性质与在小羊面前挂个胡萝卜是一样的。孩子仍然有机会讨价还价，下次他可能要求每天都陪睡才可以，而不仅仅是周末。

可以在日历上画小星星，但是请取消周末陪睡这件事。当孩子画满日历时，妈妈对孩子说"我看到你的努力了，每天都按时完成了作业"比周末陪睡更有力量。

4. 提问（Ask）

（1）提问的重要性

在前面的内容里，不论是联结、倾听，还是鼓励，父母都会问孩子问题。为什么这里还要把"提问"拿出来单独讲呢？

苏格拉底说："最有效的教育方法不是告诉人们答案，而是向他们提问。"

作为父母，我们往往想要把自己所知道的全部告诉孩子，这样他们就有足够的知识面对人生的种种问题了。但这样真的能让孩子足够强大吗？答案是，不一定。因为真正的学习除了知识的积累和储备，还有能力的培养，而后者更多来源于自身发现问题、解决问题的过程。

而提问，和孩子心智的发展规律相符合。孩子天生就有好奇心，总有问不完的问题，并在不断提问中获得人生的知识和经验。

在孩子还一无所知的时候，父母的责任是教导。注意，这里的"教导"包含着"教"与"导"两层意思：不仅要"教"，回答问题，给孩子传授知识，还要"导"，引导孩子进行探索。

随着孩子不断成长，父母不光要提供答案、引导探究，还要会提出问题。这些问题，有的是孩子已经有能力回答的，有的是孩子还不知道答案的。

在孩子思考问题、回答问题的过程中，我们不仅可以培养孩子独立思考、探究原因的能力，还为孩子提供了把这些能力应用于解决实际问题的机会。我们常说，"授之以鱼，不如授之以渔"，提问就是一个"授之以渔"——提升孩子思考、判断、实践能力的重要方式，是一种促进孩子思维成长的重要途径。

（2）如何提问？

我们都希望孩子能够自主思考，能够为自己的人生做出正确的决定。提问则能够帮助孩子从小培养思考问题并解决问题的能力，而不是在遇到问题的时候，等着父母给予指令，告诉自己下一步该怎么做。

所以，当孩子具备一定的认知能力，遇到情绪、自我意识、人际关系和社会问题的种种挑战时，我们要善于提出问题，邀请孩子自主思考，和孩子共同探讨。

提问也有学问，不同的情形有不同的提问方法。提问的模式通常有选择性提问、邀请性提问和对话性提问。

① 选择性提问

这个方法更多用在孩子年幼的时候。此时孩子能力尚且不足，选择性提问提供了有限的、不复杂的选项供孩子自主思考和选择。比如：

- 收拾玩具时，问孩子："你准备先收红色的积木，还是黄色的？"
- 起床穿衣服时，问孩子："你想先穿上衣，还是先穿裤子？"

有些父母提出疑问：不是 A 就是 B，这样的问题真的能带来自主思考吗？

如果你的初心是在理解和相信孩子的基础上，为孩子的自主思考搭建台阶，那么把需要选择的问题交给孩子去解决，孩子一定能从中学到你所期待的能力。

② 邀请性提问

孩子在餐厅里大声喧哗时，你可以轻声问：

"在餐厅里应该用什么音量说话？"

这比告诉孩子"不许大声喧哗"更有力。

孩子放学回家后，沉迷于动画片，看了一集又一集。你可以指向他的惯例表，问：

"你的惯例表上，下一项是什么？"

这可能比大吼一句"快去写作业"更有效。

哥哥和弟弟打架了，到你这里来告状。你不必当法官，问问他们：

"你们准备怎样解决这个问题？"

他们可能会想出很棒的办法来解决冲突。

这一类提问，我们称之为邀请性提问，往往是针对某件事的解决办法，通过提问使孩子思考接下来该如何做。

邀请性提问应尽可能使用"什么"和"如何"，尽量少问"为什么"。

这是因为，"为什么"往往带有质疑、指责、反问的意味，容易产生负面效果，让双方的关系紧张起来。比如：

孩子在餐厅大声喧哗时，你问："你为什么这么大声？"

孩子放学回家后，沉迷于动画片，看了一集又一集。你问："为什么还在看？"

哥哥和弟弟打架了，到你这里来告状。你问："为什么打架？"

请把自己放在孩子的位置上，感受一下这些"为什么"。我相信你一定不大舒服，可能忍不住要为自己争辩了：

"我不大声说你听不到啊！"

"我就是想看动画片！"

"他先打我的！"

在有些情形下，孩子已经具备认知和解决问题的能力，知道该怎么做。比如，孩子事先已经知道在餐厅里要轻声说话，并且练习过；惯例表已经做好，下一项清晰地写在表格里……那么邀请性提问就起到了提醒孩子思考与回顾的作用。

有些情形孩子没经历过，相当于开放性的问题，此时邀请性提问就可以引导孩子思考不同的解决方法。比如，先动手的人要道歉，一起商量怎样公平地玩游戏。

③ 对话性提问

在对话性提问中，父母并不是仅仅问一个简单的问题，而是要为孩子展开一系列对话，可以是相互间的深入了解，也可以是对事情的讨论。

比如，孩子放学回家，一脸沮丧。他把书包一扔，抱着一本课外书缩在椅子里，连你和他打招呼都置之不理。你并不知道发生了什么，有些担忧，又有些烦躁：这孩子怎么这样？不过你清楚地知道，如果你此时大吼一声"去写作业"，十有八九无效，甚至还会引发一场"战争"。面对此类情形，对话性提问是可以这样的：

发生了什么？还有呢？

你有什么感受？

你对这件事怎么看？还有吗？

原来问题是这样的。你准备如何解决呢？有哪些办法？还有吗？

这些办法的后果可能是什么？你准备选择哪个办法？

想听听我的想法吗？

下次如何避免这个问题？

这里要注意与邀请性提问不同，对话性提问旨在联结和沟通，问"为什么"反而能引发对深层原因的思考，所以在对话性提问中可以考虑使用"为什么"。

比如，当你充分倾听孩子对打羽毛球的感受后，可以带着真正的好奇问他："为什么不想打羽毛球了？"这个问题更可能引发他的思考，而不是听上去像指责。

对话性提问可以帮助我们走进孩子的世界，开启他的心门，从而顺利地解决问题。

（3）有时候提问不管用，怎么办？

① 当选择性提问被挑战的时候

比如，你问孩子："睡觉前是讲一个故事，还是两个？"孩子说："要讲十个！"怎么办？选择性提问是有限制的。孩子有权利选择，但同时你也可以明确界限："十个"不是其中的选项。

② 当邀请性提问失效的时候

邀请性提问在这些情形下是无效的。

• 情形 1：孩子真的不知道问题答案的时候

父母需要花时间教孩子解决问题的技能，孩子才有办法回答。所以，在回答"你准备怎么解决这个问题"之前，孩子需要学会一些解决问题的办法，需要一些提示。否则，他回答不知道，是真的不知道，因为你没有教过。

• 情形 2：你问的其实是个假问题，实则是真命令的时候

父母常常带着预设提问，只不过是把祈使句换成了疑问句而已，本质上仍然是在下命令。比如，你的目标就是让孩子赶紧去写作业，即使问"放学回家第一件事是什么"，你的心里也已经有了唯一的标准答案——写作业，所以你提问的本质仍然是控制。孩子如果回答了其他答案，你也不要感到沮丧，因为孩子能够感受到："我妈今天换了个方式说写作业的事。"正确的做法是，父母在关系平等的基础上，带着真正的好奇和开放的态度来提问，不能把它作为控制孩子的另一个武器。

• 情形 3：父母有情绪的时候

当你带着愤怒、责备、恼火的情绪提问时，孩子感受到的是你的情绪，而不是问题本身。所以先要冷静下来再和孩子沟通。"情绪"是父母咨询中问到最多的问题，情绪管理需要父母不断觉察和学习。我们会在后面的"自我意识"和"自我管理"中详谈。

③ 当对话性提问不管用的时候

关于对话性提问，有的父母说："我也提问啊，比如问孩子，今天在学校怎么样。

可是孩子只说挺好的，明显在敷衍我，或者压根就不回答，没法对话。"

那么，怎样提问才能引发对话，继而帮助孩子学习和成长呢？

首先，对话性提问需要父母带着对孩子真正的好奇心和共情发问：我真的关心你，想了解你，我愿意走进你的世界，和你在一起。提出问题之后，父母就要退回一步，充分倾听。最后，整个对话的氛围，需要在鼓励的基调下进行。这样，孩子才会没有抵触心理，与父母交流更多，思考更多。

④ 好的提问

综上所述，父母若想提出好的问题，以下几点是关键：

夯实提问的基础：联结。

重视提问的前提：平等、尊重的关系，带着真正的好奇去倾听。

关注提问的基调：鼓励。

做好提问的准备：先教后问，管理情绪。

选择提问的方式：选择性提问、邀请性提问、对话性提问。

总之，父母要不断练习，努力提出好的问题，和孩子多多交流。

5. 榜样（Role Model）

一提到榜样，我们可能会想到圣贤、智者的完美形象，想到"以身作则""身先士卒"等词语，于是感到压力倍增。父母的问题也来了："想要教给孩子的东西，我自己得先有所了解。那么如何提升我自己的社会情感学习能力？""如果我自己缺乏社会情感学习能力，做不到、做不好，怎么引导孩子呢？"

父母自身社会情感学习能力的提升是个全面而长期的过程，可能需要通过专门的学习和训练，需要深入的觉察、领悟和实践。

那么作为有着诸多不完美之处的父母，在教导孩子之前如何成为孩子的榜样呢？

（1）不必完美，带着自我觉察和自我接纳，和孩子一起学习

读小学二年级的西西告诉妈妈："我写作业遇到困难，急得直发脾气。妈妈，

我就是个急性子。"西西妈妈温柔地说："孩子，你不是急性子，你只是学到了妈妈身上不好的东西。"

没有完美的父母。不是说要做到完美才能成为孩子的榜样，正因为不完美，我们才有机会向孩子展示如何面对不完美的自己，如何走在成为更好的自己的路上。这也正是"自我意识"中很重要的一部分。

父母不仅要看见自己身上的不足，看见这些不足带给孩子的影响，而且要敢于坦诚面对，敢于接纳自己的不完美。父母正视问题的勇气和坦诚，也为孩子发展成长型思维做出了榜样。

当然，不必完美并非父母给自己找的借口，不代表可以任由错误的行为发生。不必完美，是指父母有机会在错误中成为带领孩子向正确的方向前进的榜样。

（2）言出必行，以身作则

《韩非子·外储说左上》中有一则"曾子杀猪"的故事。曾子的妻子要到集市去，她的儿子跟着她边走边哭，于是曾子的妻子说："你先回去，等我回家后为你杀一头猪。"儿子乖乖地回家了。妻子从集市回来后，曾子抓住一头猪就要把它杀了，妻子制止他说："刚才我只不过是与孩子闹着玩儿罢了。"曾子说："不能和孩子闹着玩儿。孩子不懂事，要听从父母的教诲，靠父母教导学习为人处世的道理。如今你欺骗他，是教他学会欺骗。母亲欺骗儿子，做儿子的就不会再相信自己的母亲，这不是教育好孩子该用的办法。"说罢，曾子就把猪杀了。

"曾子杀猪"的故事告诉我们，父母的言行对孩子的成长有着很大的影响。所以，有远见的父母在孩子面前应当处处以身作则，以培养他们良好的品德。

（3）先照顾好自己，才能把更多的爱给予孩子

一个人有情绪是正常的，但如果他能将自己的情绪控制住、抱持住，那么他的身上就是有力量的，而且是温柔的力量、伟大的力量、坚定的力量；他才能够心无旁骛地去爱孩子，给孩子做出正确的榜样。

成为孩子的榜样，听上去是一件很难的事。其实，关键是回归真实的自己，坦诚地面对自己，然后带领孩子一起学习、成长。

家庭社会情感学习模型及其三个阶段

　　前两节我们提到，父母想要教授孩子社会情感学习能力，自己首先需要掌握CLEAR 模型中的五大核心能力。但这只是让父母学会了教育孩子的一个正确方式，那么，父母如何进一步在家庭中教授孩子社会情感学习能力呢？

　　我们为父母搭建了家庭社会情感学习方法模型，这个模型分为三个阶段，如图所示。

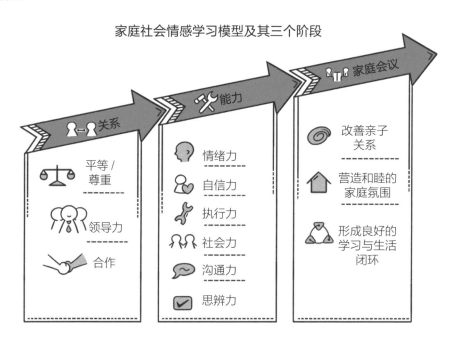

家庭社会情感学习模型及其三个阶段

第一阶段：建立良好的亲子关系

孩子人生中的第一种社会关系，就是和父母的关系。如果家庭中的亲子关系紧张，父母与孩子之间相互控制、相互索取，家庭矛盾重重，那孩子如何掌握社会情感学习能力？

正如地基对建筑之重要性，我们认为，父母和孩子之间的关系必须建立在平等的、相互尊重的合作关系基础上，父母需要和孩子建立联结，且发挥以身作则的领导力。如此，能力的施展、知识的运用以及向着目标的努力，才能保证孩子社会情感学习能力得以提升。

本书第二章会详细讲述父母如何与孩子建立"亲""敬""辅"的亲子关系。

第二阶段：培养社会情感学习的六大能力

我们将在本书第三章至第八章讲述父母如何利用家庭中的教育契机，教授孩子社会情感学习的六大核心能力。根据 CASEL 的社会情感学习能力框架，我们将"自我意识、自我管理、社会意识、人际关系、做负责任的决定"五大核心模块落实为六大能力，即情绪力、自信力、执行力、社会力、沟通力和思辨力。

情绪力：能准确识别自己的情绪、想法和价值观的能力，并注意到它们是如何影响自身行为的。

自信力：能够准确评估自己的强项和不足，有根基扎实的自信、乐观和成长型思维。

执行力：能够在不同的情形下成功调节自己的情绪、想法和行为；有效地管理压力，控制冲动，自我激励；有能力设定个人生活和学业目标，并为之努力。

社会力：能够换位思考，与他人共情，包括对那些文化背景与自己不同的人；有能力理解社会规则和道德准则；了解家庭、学校和社区的资源和支持系统。

沟通力：能够与不同个人和团体建立并保持健康有益的关系；有能力清晰沟通，有效倾听，与他人合作，抵抗不当的社交压力；建设性地针对冲突进行协商，在必要时懂得寻求或提供帮助。

思辨力：能够进行批判性思考；对个人行为和社会关系做出有建设性的选择；能够针对不同行为的后果进行实际评估，并考虑自己和他人的利益。

以 CLEAR 模型为基础的六大能力

不论孩子在学校是否正在学习有关社会情感学习能力的课程，父母都可以参照这本书，引导孩子在生活中自然而然地养成社会情感学习能力。

父母要积极鼓励孩子将所学能力应用到日常生活当中。只有经过反复练习，孩子才能将正确的做法变成自己行为习惯的一部分，自然地表现出来。

同时，父母要抓住日常的教育契机，观察孩子的言行，提供适当的引导，潜移默化地改善孩子的学习方法和行为习惯。

良好的社会情感学习能力的培养是一个长期的过程：技能的学习和日常的练习是必要的"输入"，而学习效果的"输出"可能不是立竿见影的，甚至有时还会出现与预期效果相反的情况。

因此，父母的观察、跟进、反馈和鼓励是孩子不断提升自我能力的重要"加油站"。持之以恒才会收获让人欣慰的成果。

第三阶段：社会情感学习的应用良机

家庭会议是应用社会情感学习能力的绝佳机会，它承载着家庭教育阶段性目标实施与检测、规划和展望的责任，同时能够使家庭关系更和谐，家庭氛围更融洽。通过学习第九章"开好家庭会议"的相关内容，我们可以学会改善亲子关系和家庭氛围的方法，帮孩子形成一个良好的改进学习与生活的闭环。

家庭会议是家人相互陪伴的高品质时间，它有固定的流程：以致谢开始，然后回顾上一次会议议题的执行情况，接着讨论新的议题，最后是家庭娱乐。家人轮流担任主持、会议记录员和计时员。父母和孩子学习并实践起来，看看能从中学会什么，一起品味和享受彼此成长。

然后，我们会通过第十章的案例来解决父母经常遇到的家庭教育挑战，引导父母学会用社会情感学习能力来应对与解决实际问题，并且使亲子双方从中获得成长。

培养社会情感学习能力不像培养其他能力，可以在短期内收到明显的可视化效果。社会情感学习能力的输入可以说是一个长期的协作过程，而输出也许就在不经意间。请记住，在此期间，孩子、父母、老师都在学习，每个人都需要鼓励。

下面，我们就进入家庭社会情感学习能力培养的第一阶段，学习如何建立良好的亲子关系吧！

第一阶段

建立良好的
亲子关系

　　培养社会情感学习能力并非只是教授一门知识，需要父母和孩子在大量的日常互动中实现，而良好的关系才能带来良好的互动。

　　父母是孩子的人生导师，当父母与孩子建立"亲""敬""辅"的亲子关系，一直与孩子保持联结，才能让他们拥有探索未知的勇气。

第二章 如何建立良好的亲子关系

英国发展心理学家、精神病学家约翰·鲍尔比指出,依恋是人类的本能行为。因此,良好的亲子依恋关系是孩子发展个体力量的基础,是家庭教育的起点。

作为家庭社会情感学习能力培养的第一阶段,我们将首先帮助父母了解亲子关系的重要性,以及自己的教养方式,以促进亲子关系的改善。

亲子关系的重要性

如果我们把社会情感学习能力的培养比作种树,那么亲子关系就是土壤,肥沃的土壤才能让树苗茁壮成长,最终长成参天大树。

培养社会情感学习能力并非只是教授一门知识,需要父母和孩子在大量的日常互动中实现。亲子互动(关系)的质量直接影响到社会情感学习能力的培养效果。

1.孩子的成长需要情感关注

在上一章中,我们提到了"静止脸"实验。实验表明,当父母对孩子的互动请求不做回应的时候,孩子会产生情绪困扰,甚至导致情绪崩溃。

20世纪50年代，英国发展心理学家约翰·鲍尔比揭示：孩子早期与母亲（或最初的照顾者）的关系，对于孩子情感与心智的发展会产生关键性的影响。他提出的依恋关系理论表明，如果孩子在早期未得到来自他人的深厚情感，"那么就有可能危及孩子未来的幸福与健康"，而且，当孩子长大成人后，也可能缺乏社会情感学习能力，直接影响他们对压力的感受，或将导致暴力行为的发生。

因此，家庭是个体获得社会情感学习能力的第一所学校。我们在亲密的家庭关系中可以学会如何感知自己和他人的感受，如何看待这些感受，应当选择什么样的回应方式，以及如何理解和表达情绪。

这种针对社会情感学习能力的教育不仅体现在父母对待孩子的言行举止上，还体现在父母如何通过处理情绪以及夫妻互动为孩子树立榜样上。

2. 家庭形态和教养方式影响孩子的个性形成和社会性发展

孩子早期对人际关系的理解，主要来源于与父母之间的互动，从自己体验过的人际关系中逐渐形成认知。

孩子的社会情感学习能力包含他对自己的看法，对情绪的认知和表达，对他人和世界的看法，以及如何应对生活中的种种挑战，做出负责任的决定，解决实际问题，等等。这些都取决于孩子对世界的感受、想法、态度和处理模式，阿德勒将其称为"私人逻辑"。

我们从出生起，就在和他人的互动中感知着世界，做出诸如"我是谁，他人是谁，世界是怎样的，以及我将如何应对"等判断。这样一个感知、诠释、信念、决定的循环，逐渐形成了我们的世界观、价值观和人生观。

阿德勒说："重要的不是发生了什么，而是你如何看待所发生的一切。"虽然"私人逻辑"是个体性的，但是孩子感知到的父母的情绪、状态、反应、行为模式，是他们形成自己"私人逻辑"的基础，也是他们习得社会情感学习能力的基础。

家庭形态和教养方式对孩子的影响

家庭形态各不相同，亲子关系也千差万别。孩子在不同的亲子关系中，感知着自己周围发生的一切，做出对自己、对他人和对世界的决定，从而形成自己的应对模式，发展出不同的社会情感学习能力。

在亲子关系中，父母处理彼此感受的方式，以及对待孩子的方式，会对孩子产生难以磨灭的影响。孩子是异常敏锐的学习者，感受着家庭里最微妙的情绪交流，从父母身上学习如何与他人相处，并形成自己的行为模式。

简·尼尔森在《正面管教》一书中，从"和善"与"坚定"两个维度将教养方式进行了划分。和善意味着尊重孩子，坚定则是尊重自己、尊重情形的需要。

以和善、坚定为维度的四大教养方式

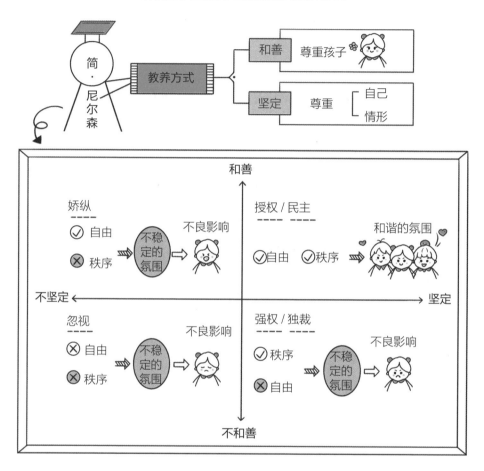

从上图中我们可以看到，唯有当和善与坚定并行的时候，家庭的教养方式才是最和谐的。反之，缺少任何一方，都会形成不稳定的氛围，对孩子的教养造成不良影响。

教养方式 1

小格是个 6 岁的男孩。小格的爸爸成长于家教严格的家庭，他相信，男孩必须要管，没有规矩不成方圆。爸爸给小格立了很多规矩，比如吃饭时不能说话，晚上

8点必须上床睡觉，等等。当小格违反规矩时，爸爸会让他站到墙角反思，有时还会动手打他的屁股。妈妈觉得小格还太小，做不到也是情有可原的，但爸爸总是严厉地阻止妈妈的保护，说这是为小格好。小格怕爸爸，只要爸爸在，小格就表现得乖乖的，但是爸爸不在的时候，小格就调皮捣蛋，妈妈也管不了。

在幼儿园，小格时常烦躁不安，脾气很大；他经常抢小朋友的玩具，甚至动手打人；小朋友被他打哭了，他还凶巴巴地吼："不许哭！"老师和小格的爸爸妈妈沟通，希望他们帮助小格培养良好的习惯，与小朋友和谐相处，还把小格在幼儿园的表现拍了视频发给小格的爸爸妈妈。小格爸爸很困惑：小格在家里明明很守规矩，怎么到幼儿园就好像变了个人呢？

教养方式 2

小慧6岁了，是爸爸妈妈的掌上明珠。妈妈认为女孩要富养，对于小慧有求必应。在小慧眼里，妈妈简直是"哆啦A梦"，要什么有什么。小慧有一点头疼脑热，妈妈就非常紧张，对小慧嘘寒问暖，悉心照顾。

虽然妈妈也会在不同意小慧买第N个芭比娃娃时与她讲道理，或者到了上床睡觉的时候小慧还想玩游戏，妈妈会催促她去洗漱，但只要小慧一哭闹，看不得小慧流泪的妈妈很快就会做出让步。

久而久之，小慧觉得只要一哭，她的任何需求都能够被满足。因此，小慧在幼儿园和其他小朋友玩的时候，总是让别人听她的，一不顺心就哭，一哭就是很长时间，老师也拿她没办法。

教养方式 3

小浩上幼儿园的时候，爸爸妈妈就离婚了，小浩和妈妈生活在一起。妈妈工作很忙，在小浩上小学的时候把他送到了寄宿学校。爸爸每个月约定一个周末陪小浩。可是爸爸也很忙，经常错过每月一次的父子相聚。

小浩想和爸爸妈妈讲讲他在学校里的趣事，可是每当他看到爸爸妈妈忙碌的身影，只好闭上嘴，打开自己的手机玩起来。

逐渐的，小浩变得特别安静，把大量的时间和精力花在了手机游戏上。他在学校里没有什么朋友，独来独往。他甚至觉得自己是个多余的人，没人在乎他，没人需要他。只有在游戏里，小浩才能够找到快乐和归属感。在那里，他希望自己能够成为一个盖世英雄，人人都需要他，崇拜他。

教养方式4

乐乐6岁，是家里的老大，她还有个4岁的弟弟。爸爸经常和他们一起玩老鹰抓小鸡、跳绳、桌游……爸爸玩起来就像个孩子一样，有时候居然还耍赖呢！妈妈对他们的要求比爸爸严格，到了睡觉时间，妈妈约好给每人讲一个故事，讲完故事就关灯。

乐乐和弟弟已经习惯了独自睡觉，妈妈说他们都是勇敢的孩子。有一次晚上打雷了，他们很害怕，就跑到爸爸妈妈的床上去了。一家人挤在一起睡，让乐乐感到又安全又温暖。

乐乐和弟弟争抢玩具的时候，妈妈会平静地对气鼓鼓的姐弟俩说："我们家里不允许打架，如果你们想打，请出去。"姐弟俩都不想出去，就谁也不理谁，各玩各的。过了一会儿，妈妈看到他们又玩到一块儿了，就问："刚刚你们打架的时候，感觉怎么样？"姐弟俩说，很生气，很糟糕。妈妈又问："下次怎么做，才能一起玩得开心？"乐乐想出了好办法——两个人轮流玩玩具。

美国心理学家戴安娜·鲍姆林德也把父母教养方式归纳为两个维度：其一是父母对待孩子的情感态度，即"接受—拒绝"的维度；其二是父母对孩子的要求和控制程度，即"控制—容许"维度。

在情感态度维度的"接受"端，父母以积极、肯定、耐心的态度对待孩子，尽可能满足孩子的各项要求；在情感态度维度的"拒绝"端，父母常以排斥的态度对待孩子，对他们不闻不问。在要求和控制程度的"控制"端，父母为孩子制定较高的标准，并要求他们努力达到这些要求；在要求和控制程度的"容许"端，父母宽容、放任，对孩子缺乏管教。

两个维度的四种教养方式

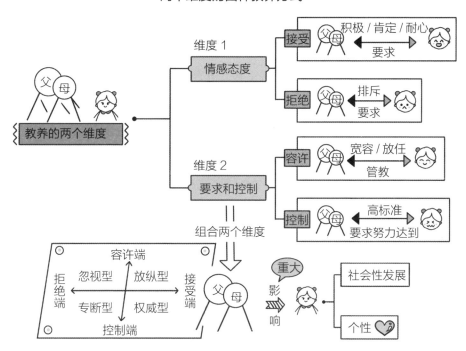

根据这两个维度的不同组合，可以形成四种教养方式：权威型（接受＋控制）、专断型（拒绝＋控制）、忽视型（拒绝＋容许）和放纵型（接受＋容许）。不同的教养方式无疑会对孩子的社会性发展和个性形成产生重大影响。

我们在前述四个案例里，就可以看到这四种教养方式及其影响：教养方式 1 为专断型，教养方式 2 为放纵型，教养方式 3 为忽视型，而教养方式 4 则为权威型。

研究表明，权威型的教养方式对孩子的社会情感学习能力有许多积极的影响。在这种既注重管教又在情感上偏于接纳的教养方式下，孩子独立性强，善于自我管理和解决问题，自尊心和自信心较强，喜欢与人交往，对人友好。

需要注意的是，在权威型教养方式中，父母和孩子之间的关系需建立在平等、相互尊重的基础上；父母和孩子建立联结，且具有以身作则的领导力。在这样的亲子关系中，父母是懂孩子、会表达爱的领导者和合作伙伴，能够为孩子提供充足的尊重、安全感和爱的能量。

除了亲子关系外，家庭氛围在很大程度上也取决于成人之间的关系。家庭里成人之间的关系主要是夫妻关系，其次是隔代养育情形下父母与祖父母之间的关系。成人之间的情感关系和应对模式，对孩子的影响同样重要。因此，为人父母，我们更要有努力的自觉，给予周围人爱与接纳，不仅是爱孩子，也要爱伴侣和长辈。在这样充满爱的环境里，孩子那份因爱而生的底气和勇气，是决定他们未来人生的关键。

了解自己的教养方式

王朔曾说过："我不记得爱过自己的父母。小的时候是怕他们，大一点开始烦他们，再后来是针尖对麦芒，见面就吵；再后来是瞧不上他们，躲着他们，一方面觉得对他们有责任，应该对他们好一点，但就是做不出来，装都装不出来；再后来，一想起他们就心里难过。"

可能很多人都像王朔一样忍受着无法与父母亲近的痛苦。当他们在养育自己的孩子时，特别期待能够拥有亲密、温暖的亲子关系。那么，如何建立温暖而亲密的亲子关系呢？

我们先来看看下面的养育方式调查表，以对自己的教养方式有所了解。请在快速阅读之后，根据真实情况作答。

小工具：教养方式调查表

在以下列出的不同的教养方式里，请对自己采用某种方式的频率打分。

"从不"到"经常"的选项依次对应 1~5 分，请在每一题后给自己打分。在每种教养方式最后，将分数相加，得出的总分再除以本小节的问题数量，就可以得到这种教养方式的分值。最后比较三种教养方式的分值，得分最高的那一项即你常用的教养方式。

1	2	3	4	5
从不	偶尔	一般	多数	经常

权威型

1. 我对孩子的感受和需求及时回应。（　　）

2. 在让孩子做事前，我会考虑孩子的意愿。（　　）

3. 当孩子做出好的或不好的行为时，我对孩子解释我的感受。（　　）

4. 我鼓励孩子说出他的感受和问题。（　　）

5. 我尊重孩子的观点，并鼓励孩子自由表达想法，即便他反对我。（　　）

6. 我向孩子说明我对他的期待背后的原因。（　　）

7. 当孩子感到沮丧时，我安慰他、理解他。（　　）

8. 我赞美并感谢孩子。（　　）

9. 当我做家庭计划（比如周末出游）时，会考虑孩子的喜好。（　　）

10. 我将孩子作为家庭中平等的一员对待。（　　）

11. 我和孩子一起度过温暖、亲密的时光。（　　）

得分：总分（　　　）/11=（　　　）

专断型

1. 当孩子问我，他为什么要做某件事的时候，我告诉他，因为那是我说的，我是他妈 / 爸，或者说，因为那是我要求的。　　　　　（　　　）

2. 我惩罚孩子，取消他看电视、玩游戏、找朋友玩的权力。　（　　　）

3. 当我反对孩子的行为时，我对他大喊大叫。　　　　　　（　　　）

4. 我对孩子大发雷霆。　　　　　　　　　　　　　　　（　　　）

5. 当我不喜欢孩子说的或做的时，我就揍他。　　　　　　（　　　）

6. 我指责孩子，让他改进自己的行为。　　　　　　　　　（　　　）

7. 我以威胁作为惩罚，不许孩子辩解。　　　　　　　　　（　　　）

8. 我以不给孩子情感表达（比如亲吻、拥抱）来惩罚孩子。（　　　）

9. 当孩子的行为没有达到我的期望时，我公开批评孩子。　（　　　）

10. 我在努力尝试改变孩子对事物的想法和感受。　　　　（　　　）

11. 我觉得有必要指出孩子过去的行为问题，以确保他不再犯。（　　　）

12. 我提醒孩子，我是他妈 / 爸。　　　　　　　　　　（　　　）

13. 我提醒孩子所有我正在为他做以及过去为他做的事。　（　　　）

得分：总分（　　　）/13=（　　　）

放任型

1. 我很难管教孩子。　　　　　　　　　　　　　　　　（　　　）

2. 当孩子大哭大闹的时候，我就让步了。　　　　　　　（　　　）

3. 我宠溺孩子。　　　　　　　　　　　　　　　　　　（　　　）

4. 我对孩子的坏行为视而不见。　　　　　　　　　　　（　　　）

5. 当孩子与他人有冲突的时候，即便是孩子的错，我也为孩子争辩，不让他受委屈。　　　　　　　　　　　　　　　　　　　（　　　）

6. 我无条件满足孩子的需要，包括情感的和物质的需要。　（　　　）

7. 我对孩子在公共场合的行为没有要求和约束。　　　　　　（　　　）

8. 我为孩子做很多事，即便他已经可以自己做了。　　　　　（　　　）

9. 我不要求孩子做家务。　　　　　　　　　　　　　　　　（　　　）

得分：总分（　　　　）/9=（　　　）

对教养方式的解读

做完测试，你发现你的教养方式更偏向哪一种？

你可能已经注意到，调查表里只有三种教养方式。第四种在哪里？第四种 "忽视型" 教养方式的父母大概率不会看这本书，但如果你在前三种方式的测试中得分都极低，那么请阅读 "忽视型" 的描述来确定就可以了。

美国心理学家戴安娜·鲍姆林德给出了非常详细的解读，摘录在此提供给父母们阅读以促思考：

权威型

这是一种理性且民主的教养方式。父母在孩子心目中的权威来自他们对孩子的理解与尊重，来自他们与孩子的经常交流及对孩子的帮助。权威型父母以积极肯定的态度对待孩子，及时热情地对孩子的需要、行为做出反应，尊重并鼓励孩子表达自己的意见和观点。同时他们也是有原则的，对孩子不同的行为表现，尊重而明确地表达自己的界限。

这种教养方式下的孩子独立性强，善于自我管理和解决问题，自尊心和自信心较强，喜欢与人交往，对人友好。这种教养方式对孩子的心理发展有许多积极的影响。

专断型

专断型父母要求孩子绝对地服从自己，希望孩子按照他们设计的发展蓝图去成长，倾向对孩子的所有行为都加以保护、监督。专断型也属于高控制型教养方式，但在情感方面与权威型教养方式有显著的差异。专断型父母常以冷漠、忽视的态度对待孩子，很少考虑孩子自身的要求与意愿；对孩子违反规则的行为表示愤怒，甚至采用严厉的惩罚措施。

这种教养方式下的孩子，学前期常常表现出焦虑、退缩和不快乐的感受，在与同伴交往中遇到挫折时，易产生敌对反应。在青少年时期，他们与权威型教养方式下的孩子相比，自我调节能力和适应性都比较差。但有时他们的学习表现比放纵型和忽视型教养方式下的孩子表现要好，而且在校期间的反社会行为也较少。

放纵型

这类父母和权威型父母一样，对孩子抱以积极肯定的情感，但缺乏控制。父母放任孩子做决定，即使他们还不具有这种能力。例如，任由孩子自己安排饮食起居，纵容孩子的不良行为。父母很少向孩子提出要求，既不要求他们做家务，也不要求他们学习良好的行为举止；对孩子违反规则的行为采取忽视或接受的态度，很少发怒或者训斥孩子。

这种教养方式下的孩子大多很不成熟，也比较任性，往往具有较强的冲动性和攻击性，而且缺乏责任感，合作性差，很少为别人考虑，自信心不足。

忽视型

忽视型父母对孩子既缺乏爱的情感和积极回应，又缺少行为方面的要求和控制，因此亲子间的互动很少。他们对孩子缺乏最基本的关注，对孩子的行为缺乏反馈，且容易流露出厌烦、不愿搭理的态度。如果孩子提出诸如物质等方面易于满足的要求，父母可能会对此做出应答。然而对于那些耗费时间和精力的长期目标，如培养孩子良好的学习习惯、恰当的社会性行为等，忽视型父母则很少去完成。

这种教养方式下的孩子与放纵型教养方式下的孩子一样，具有较强的攻击性，很少替别人考虑，对人缺乏热情与关心。这类孩子在青少年时期更有可能出现不良行为问题。

建立良好亲子关系的方法

《尚书·舜典》中描述了圣人舜的治理方式："直而温，宽而栗，刚而无虐，简而无傲。"我们也可以借此来描述权威型父母的特点。

通常，权威型父母和孩子的感情是十分和谐的。因为权威型父母在情感上比较善于接纳孩子，和孩子之间的关系往往建立在平等、相互尊重的基础上。

权威型父母不仅能和孩子建立联结，且有以身作则的领导力，有界限、有原则。他们在孩子心目中就像一棵挺立在天地间的大树，既能遮风挡雨，又能安心依靠。

上一章我们提到了父母教授社会情感学习能力的 CLEAR 模型，亲子关系的建立，也就是实践 CLEAR 模型的过程。

联结、倾听、鼓励、提问和做榜样，是权威型父母的重要养育方法。那如何才能建立良好的亲子关系呢？我们需要从"亲""敬""辅"三个方面出发。

1. 如何建立良好的亲子关系？

（1）亲

"亲"是父母与孩子之间自然的情感。还记得孩子刚出生时，你对他怎么看也看不够，怎么亲也亲不够的感觉吗？这就是亲子间天然的联结，但它仍然需要持续培育。

如果不知从什么时候起，开始看不惯孩子，觉得你们渐行渐远，不懂彼此。那么，你们之间的联结可能受到了影响。

（2）敬

"敬"即尊敬、尊重。作为父母，在生活中，我们既要尊重孩子，又要尊重自己，也要尊重情形。

尊重孩子，就是把孩子当成平等的人对待，而不是自己的附属品；倾听孩子，以开放而不是评判的心态听取孩子的意见。"己所不欲，勿施于人"，说明了对他人的尊重，由尊重自己开始。

一位绅士和朋友在大街上与一位小贩发生了冲突。小贩口出恶语，极尽侮辱之词，可是绅士仍然彬彬有礼。他的朋友看不过去了，说："他这样对待你，你怎么都不反击？"绅士说："他可以不尊重我，但是我不能不尊重我自己。"

尊重情形则是将尊重扩大到原则层面、社会层面，基于道德判断，做出尊重彼此的选择。比如，本来和孩子约好去公园玩，可是爸爸在回家的路上因为见义勇为，而对孩子爽约了。这并非不尊重孩子，而是首先尊重了情形。

尊重的基础是平等。在亲子关系中，平等并不是单纯指机会、职责、能力等方面的平等，而是人格和尊严上的平等。它不受出身、财富、地位、年龄、健康状况等因素的影响。

父母不能因为孩子需要自己养育，就认为自己在人格和尊严上高孩子一等，就可以掌控他，对他为所欲为。同时，父母也不能因为他是孩子，就一切以他的意志为转移，围着孩子转，而丧失自己的权利和尊严。"敬"是尊重孩子、自己和他人，是尊重每一个生命。

（3）辅

父母和孩子是合作关系，而非上下级关系。亲子关系中的"辅"用老子描述人与自然的关系来比喻，则是"以辅万物之自然而不敢为"。

父母好比孩子人生的副驾驶，在孩子小的时候，谆谆教导、耐心引领，教授孩子各种能力。孩子长大了，父母就要学会适当退后，把人生的掌控权交给孩子。若是父母变成孩子人生的主驾驶，一切都替孩子做主，那就可能养育出一个"巨婴"，遏制孩子的无限可能性。

2. 联结——依恋关系的建立

依恋关系理论认为，父母或主要看护者对婴儿的回应程度，决定着他是否能建立安全的依恋关系，而安全的依恋关系既是人格形成的基础，也是社会情感学习能力的基石。

当出生不久的孩子产生某种生理或心理需求时，他会用现阶段唯一的表达方式——哭，来告诉父母。

假设孩子此时饿了，妈妈也意识到了这一点，开始给孩子回应——以奶水满足孩子的生理需求，同时，孩子在妈妈的臂弯里吃奶的时候，会与妈妈产生身体接触，感受到温暖的怀抱，心理需求也得到了满足，又回到了放松的状态。这就完成了一个"放松—需求—唤起—满足需求—放松"的循环。

可是，吃奶后没多久，孩子又哭了。这次妈妈知道他已经吃饱了，接下来通常是查看尿布。假设孩子尿布湿了，妈妈开始换尿布。在这个过程中，妈妈不仅为孩子换上了干爽的尿布，还在触摸孩子，用温柔的声音哄着孩子。妈妈再次和孩子建立联结，"放松—需求—唤起—满足需求—放松"的循环再次得以完成。

这样的循环，父母对婴幼儿阶段的孩子做了无数次。就在这一次又一次的看护过程中，孩子和父母之间渐渐产生了依恋关系。如果这样的循环一直持续下去，孩子和父母之间便会建立安全的依恋关系。

孩子和父母默契的联结能让孩子感到安全，产生自信，为社会情感学习能力的建立打下基础。

安全依恋关系的建立并不容易，"放松—需求—唤起—满足需求—放松"这个循环可能被种种因素打断。

比如父母在孩子哭闹时置之不理，孩子的需求无法得到满足，孩子就会产

安全依恋关系的建立过程

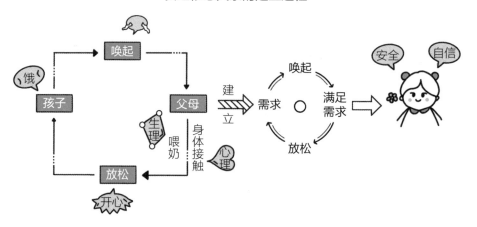

生困扰、怀疑、愤怒、不信任、无助等情绪。孩子和父母之间将形成不安全的依恋关系。

如果孩子在婴儿期面对的是毫无响应或未付出情感的父母或看护者，那么孩子将无法信任周围的环境和人，经常处于情绪失控状态，难以建立联结，难以产生同理心，导致社会情感学习能力的缺失。

到了儿童期，孩子往往会在集中注意力、同伴关系、遵守纪律等方面出现问题。

因此，孩子在婴儿期时，父母的重要任务是养育，亲子关系的重点是对孩子给予及时的回应，奠定安全依恋关系的基础。

随着孩子的成长，父母回应孩子哭声的方式也会随之调整。因为孩子生理、心理的各项能力会逐渐增强，并在"放松—需求—唤起—满足需求—放松"循环中逐渐建立了安全感，孩子能够认识到，即便自己没能立即得到回应，但是看护者一定会来，自己的需求会得到满足，而且自己有能力等一会儿。

有时候，过度看护和关注反而会让孩子感到窒息。这是对孩子的不信任，安全的依恋关系也无法顺利建立。

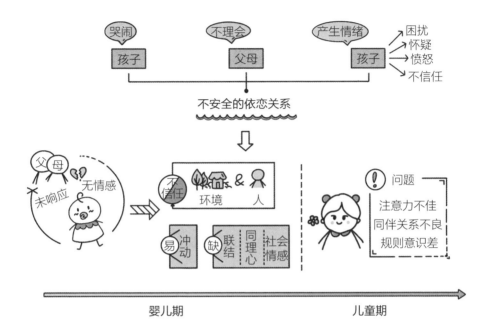

不安全的依恋关系对孩子的影响

3. 放手——亲子关系的动态平衡

亲子关系是随着孩子的成长在动态中发展的。在孩子的不同年龄段，父母的教养方式可能稍有不同。通过下图我们可以看到孩子年龄与父母的监护水平之间的动态关系。

随着孩子年龄增长，生存能力增强，父母对孩子的监护要逐渐减少。父母要不断地后退，才能为孩子创造成长的空间。

如果父母对于 18 岁的孩子仍然保持高水平的监护，像对 2 岁的孩子那样无微不至地呵护，孩子不仅会失去生存能力，还无法形成独立自主的人格。因此，在孩子不同的年龄段，父母的监护水平和关注点需要根据孩子的社会情感学习能力的发展和需求，进行调整。

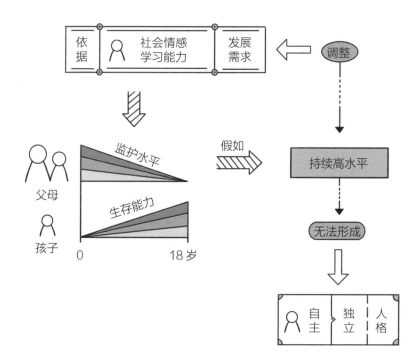

孩子年龄与父母监护水平的动态关系

奥地利病理心理学家和精神分析师马勒的客体关系理论解释了人在心理上的诞生，也能够帮助我们理解 0~2 岁孩子的心理发展过程。

马勒的理论认为 0~2 个月是孩子的自闭期，他的世界里只有自己，一切行动都出于自己的需求。

2~6 个月是孩子和妈妈的共生期，他开始意识到外部的世界，但是还不能把自己和世界，特别是妈妈，清晰地分开。孩子会认为自己和妈妈是一体的，自己的需求也是妈妈的需求。

在这个阶段，妈妈要对孩子全神贯注，紧随孩子的需要。这种全神贯注增强了孩子的全能感，使孩子不仅获得身体本能的满足，也获得情绪上的抚慰。

6 个月到 2 岁是孩子的个体化分离期，孩子逐渐意识到自己是一个独立的个体，妈妈是他人，彼此不一样。这种分离是孩子在心理上的自我诞生，远离全能感，建立自信和自尊，并与真实的世界相联系。

从自闭期到共生期，再到分离期，孩子的需求不同，妈妈对孩子需求的回应也要随之调整。

在未来很长的一个阶段，亲子关系都是控制与反控制的博弈。当孩子有了自我意识，父母对孩子的了解和关爱，父母保护孩子的举动都有可能被孩子当成是控制。此时，父母面临的一个很难的功课是，放手。然而，放手不等于放弃。放手是在培养孩子能力的长期目标下，允许孩子犯错误，相信孩子能从错误中学习；给予孩子空间和时间，去尝试、体验自己的人生。

放手是"敬"，是在尊重孩子、尊重自己的前提下，履行"辅"的职责。亲子关系从最初的父母百分百监护，到孩子长大成人不再需要父母的监护。随着孩子的成长，父母的职责是逐渐缩减的，这种动态的平衡在每个家庭中都各不相同。想要掌握好这种动态的平衡，我们必须以孩子为中心，既给孩子支持又给孩子空间，了解不同年龄段孩子社会情感发展的特点和需求，这样才能跳好亲子关系的双人舞。

4. 改善亲子关系的三个小窍门

（1）亲——特别时光

亲子关系基于联结，"特别时光"就是爸爸或者妈妈单独和孩子在一起的时光，一起聊聊天，一起做喜欢的事情。

前面提到过孩子和妈妈的共生、分离，孩子小时候有大把的时间和妈妈在一起，妈妈不缺和孩子互动的时间、机会。但是爸爸不一样，很多爸爸因为承担着家庭经济支柱的角色，缺乏陪伴孩子的时间。

如果爸爸缺少和孩子在一起的时间，很有可能在短时间内难以完成自己"父亲"角色的转变，从而对孩子不够爱。所以爸爸要主动参与到孩子的养育中来，妈妈也要为爸爸创造机会，让爸爸帮忙。

随着孩子不断长大，他的时间被越来越多的事情填满；父母也在忙着各自的事情，时间也极为宝贵；有些家庭有了二胎，父母单独和大宝在一起的时间也越来越少。因此，专门安排"特别时光"就显得尤为重要。

父母可以每周和孩子约定一个"特别时光"。在这个时间里，没有他人或者工作的干扰，和孩子商量他愿意做什么，尽可能和孩子一起做他喜欢的事情。一起打球，一起看动画片，或者一起做个蛋糕。没有说教，更不谈学习成绩，只是亲子间的闲谈，一段愉悦的时光。

（2）敬——关注优点

孩子和父母在能力上天生就是不平等的，生活中我们很容易对孩子百般挑剔。因为孩子年龄小，很多事情都需要学习，能力不足的他们会搞砸很多事情，不完美是他们的常态。

因此，我们不能急于求成地教育孩子，对孩子提出诸多超出他们现阶段能力范围内的要求，而是应该多花些时间，只在适当的情况下对孩子提出要求，从不完美中看到孩子的优点。

只有我们把关注点放在孩子的优点上时，孩子才能发扬优点，建立自信，亲子关系才可能是愉悦的、积极向上的。如果我们把关注点放在孩子的缺点和不足上，孩子则可能认为自己就是不好，自己做不到，亲子关系也会变得紧张，充斥着不满、愤怒等负面情绪。

（3）辅——放手的艺术

放手是孩子成长路上父母一直都在做的事情，然而，很多时候我们不确定在何时可以安心地放手。如果意识到自己想放手却放不下，不妨考虑以下问题：

- 有什么事情是你想放手却不敢放手的？为什么？
- 你愿意放手吗？
- 放手的第一步是什么？你会采取哪些措施降低风险？

• 你还愿意继续吗？

不能放手的背后，往往是恐惧在作祟。这其中有些恐惧是我们基于环境和孩子的能力做出的判断，有些很可能仅仅是我们想象中的"怪兽"。第一个问题让我们直面恐惧，而第二个问题则必须做出选择。

如果恐惧足够大，不放手也是可以的，等到适当的时候再放手。如果愿意放手，那就克服恐惧，迈出第一步，同时考虑降低风险的措施。迈出第一步往往是最难的，跨过这个坎之后，我们仍然有机会说"不"。

家庭是孩子获得社会情感学习能力的第一所学校，而亲子关系是这所学校的基础。关系的改变是长期的，比使用工具难，需要更多的觉察和自我成长。

亲密关系是亲子关系的基础，婚姻品质极大地影响着亲子关系。有人说，"爱孩子最好的方法，就是爱他的母亲（父亲）"。孩子会从父母的相处中习得社会情感学习能力，学习未来如何建立家庭。

亲密关系、亲子关系是我们与自己的关系的映射。当我们关注到个人成长并做出改变的时候，就会发现，不仅和孩子的关系改善了，我们和伴侣、父母、同事以及整个世界的关系，仿佛都更加融洽、顺畅了。底层的根基打通了，一通百通。

第二阶段
培养社会情感学习的六大能力

相信很多人都见过这样的孩子：在公共场合大声吵闹，无所顾忌；在校园里给同学起带有侮辱性的外号，甚至动手打人；在家里不尊重长辈，听不得批评；想要的东西必须得到，不然就撒泼打滚；犯错了不承认，有零食不愿意分享，遇到一点点困难就不敢前进……

针对以上种种表现，很多人都会说，这个孩子家教不好。其实，所谓的家教不好是孩子社会情感学习能力低的表现。

发展孩子的社会情感学习能力，除了在生活中言传身教，父母还要有意识地创造或抓住教育的契机。社会情感学习能力不同于其他学科或能力的地方是，它必须在与他人的互动中实现。虽然社会情感学习能力起始于"我"与自我的关系，但最终还是要落实到社会关系和实践中去，解决"我"与他人、"我"与社会的关系。

所以，平常不管是亲子之间的，还是孩子之间的冲突、挑战等，父母都可以有意识地观察孩子的表现，鼓励孩子做得好的地方，和孩子共同探讨、反思遇到的问题。这是教授孩子社会情感学习能力的重要一环。

现在我们进入家庭社会情感学习的第二阶段。根据社会情感学习五大核心模块所落实的六大核心能力，来告诉家长如何培养孩子社会情感学习能力。

基于前面章节所述的儿童社会心理发展的阶段性特点，以下内容更适用于学龄前和小学低年级儿童。

第三章　情绪力——冷静不冲动

情绪力是社会情感学习五大核心模块——自我意识和自我管理中的重要能力之一，包括准确识别自己和他人的情绪，意识到情绪对行为的影响，能够控制冲动，做自己情绪的主人。

这一章，我们将教孩子学会认识自己的情绪，尝试管理自己的情绪，提高孩子的情商。

认知情绪

孩子应对和控制情绪的能力很弱，很多时候无法恰当地处理情绪。

但是，不良情绪会影响孩子的行为以及与他人的关系，甚至导致激烈的冲突，做出不当行为。那么，我们应该如何正确地引导孩子认知并管理自己的情绪呢？

1. 情绪是什么？

情绪是一种人体内部的主观体验，但在情绪发生时，又总是伴随着某些外部表现。这些外部表现是可以观察到的行为特征，又叫表情。情绪也会引起明显的身体反应，比如生气时，呼吸和心跳会加快。这些表情和反应综合在一起，有助于我们识别情绪。

美国心理学家保罗·艾克曼发现，人类的确存在少数几种核心情绪，即喜、怒、哀、惧，其对应的特定面部表情，为世界各地不同的文化所公认，包括没有文字，尚未受到电影、电视影响的人群。这说明情绪具有普遍性。

《礼记·礼运》中有言："何谓人情？喜怒哀惧爱恶欲，七者，弗学而能。"情绪具有先天性，但是管理情绪的能力需要后天学习。

人从诞生开始就已将情绪作为求生的手段。婴儿出生时，不具备独立的生存能力和言语交际能力，这时主要依赖情绪传递信息，与成人进行交流，得到成人的抚养；成人也正是通过婴儿的情绪反应，及时为婴儿提供各种生活所需，以满足婴儿的生存需要。

总之，人通过情绪了解自身或他人的处境，适应社会的需求，得到更好的生存条件和发展机遇。当然，情绪有时也有负面作用，如一些球迷会因为输球被负面情绪影响而在赛场闹事、斗殴，破坏公共财产，甚至造成人身伤亡。

情绪使我们的生活多姿多彩，同时也影响着我们的行为。情绪总是在变化，人不会一直处于某一种情绪状态中。我们不能禁止或情绪的产生，当出现强烈的甚至破坏性的情绪时，需要加以调节，避免情绪给自身及生活带来负面影响。

情绪调节之所以能够实现，首先在于情绪可以被观察。我们可以做自己情绪的观察者，这样，我们就可以在情绪和行为之间创造一个调节的空间。

情绪调节能力并非与生俱来，孩子往往在和周围环境的互动中逐步习得管理情绪、调节情绪的方法和策略。情绪管理的基础是情绪认知，而情绪认知的学习机会在生活中随处可见。

2. 觉知情绪

情绪就像我们心里的一匹野马，我们不知道它什么时候撒野，更不知道该如何控制它。但是，如果我们能够通过一些蛛丝马迹察觉到它要撒野了，或者在它撒野的时候喊它一声，就有可能驯服这匹野马。因此，学会觉察和认知自己的情绪，把情绪说出来，才能够进一步管理情绪。

- 当孩子有情绪时，父母首先应接纳孩子的情绪，而非压制；然后和孩子一起感受情绪在身体里的感觉，体会情绪发生在身体的什么部位；最后帮助孩子把情绪说出来，学习认知和表达情绪。

2岁的小启十分喜欢黏着妈妈，每当妈妈因为某些事情需要离开一会儿时，他便会放声大哭来表达自己不愿与妈妈分离的情绪。而妈妈则会蹲下来抱着小启，轻轻拍着他的后背，说："小启不想妈妈离开，小启很难过，妈妈也很难过。"

妈妈的语言和动作，让小启知道了这种情绪是"难过"。她通过拥抱和抚触，也调解、安慰了小启的情绪。

● 和孩子一起阅读关于情绪认知的绘本，比如《小情绪 大情感》，一起体会每一种感受，把情绪说出来，拓展情绪词汇。

小启和小慧是幼儿园的好朋友，但是两人因为争夺玩具吵了起来。小启生气极了，伸手要打小慧。这时，小启妈妈及时制止，并问道："小启，发生了什么？"

2岁的小启还不能非常流利地表达，只能断断续续地说："那是我的玩具，我不愿意分享给她……她霸占着，所以我……生气了。"

妈妈耐心地听小启将事情经过叙述了一遍。妈妈发现，在慢慢叙述的过程中，小启能准确说出自己的情绪了。

● 制作"情绪脸谱"。当有情绪的时候，让孩子使用情绪卡片来辨别情绪，把情绪说出来。

有一天小启在搭积木，可是积木总是倒。小启不耐烦了，把积木推倒，委屈地掉下了眼泪。妈妈发现后，没有指责，而是带着小启来到"情绪脸谱"前面问："小启，你现在的感受是哪一个？"

小启指了指"生气"，又指了指"挫败"。妈妈说："你现在又生气又挫败，想要妈妈抱抱吗？或者，想让妈妈和你一起搭吗？"

小启投进妈妈怀里，慢慢地平静了下来，小声说："妈妈和我一起搭积木。"

当孩子产生各种情绪时，父母应及时引导孩子把情绪说出来。可以把生气、难过、害怕、高兴等情绪写在卡片上，请孩子做出对应的表情，父母拍照记录，然后把照片和写着对应情绪的卡片一起贴在墙上，做成"情绪脸谱"。当孩子产生新

小工具：制作情绪脸谱

的情绪时，要及时更新"情绪脸谱"，然后使用"情绪脸谱"引导孩子积极应对。

● 有时，很多情绪交织在一起，我们很难说清楚它是难过、愤怒，还是羞愧。通过颜色感知情绪，可以帮助我们梳理复杂的情绪。

小慧最喜欢的一个绘本是《我的情绪小怪兽》，她和妈妈已经读过好几遍了。

有一天，妈妈提议："我们学着书里的方法，也来做个情绪收纳瓶，好不好？"小慧高兴地说："好啊！"

小慧和妈妈找来六个玻璃瓶，把不同颜色的彩砂放进瓶子里，就像绘本里那样：黄色代表快乐，蓝色代表忧伤，红色代表愤怒，黑色代表害怕，绿色代表平静，粉色代表爱。

小慧对爸爸妈妈说："有情绪的时候，请把心情写在纸条上，折起来，放进对应的瓶子里。开家庭会议的时候，我们可以拆开这些纸条，分享各自的心情。"

有一天，小慧一边洗澡一边玩水，浴室地板上全都湿了。妈妈催促小慧快点儿洗完。小慧虽然答应了，但是又贪玩地爬到洗漱台上，在被水蒸气蒙住的镜子上画画。妈妈生气地说："快下来！"

小慧爬下来的时候，一不小心滑倒在地板上了。妈妈又急又气，生气地对小慧大吼。小慧吓得大哭起来。妈妈既心疼又生气地用毛巾把小慧身上的水擦干，抱着她离开了浴室。

第二天，爸爸发现情绪收纳瓶里多了好几张纸条。爸爸示意妈妈打开看看。妈妈在黄色的瓶子里发现一张纸条，上面画着一个正在喷水的花洒，还画着一个笑得嘴都咧到耳根的大大的笑脸。在黑色的瓶子里，纸条上画的是妈妈生气的脸，头发都竖起来了。在粉色的瓶子里，纸条上画的是一家三口。妈妈觉得这张图有点儿眼熟，忽然想到，小慧昨天在浴室镜子上画的就是一家三口的"火柴人"。

妈妈心里五味杂陈，走到小慧面前说："宝贝，对不起，妈妈昨天对你发火了。"小慧扑到妈妈怀里说："没关系。"

小工具：制作色彩情绪瓶

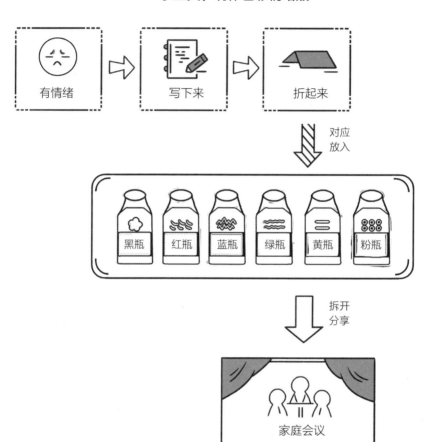

管理情绪

人的大脑在出生时是一种尚未发育完全的状态，尤其是大脑中主管情绪调节的前额叶皮层，要到 25 岁才发育完全。因此，孩子很难管理好情绪，这就需要父母更加细心与耐心，引导孩子认识情绪、觉知情绪、表达情绪。

《中庸》开篇讲道："喜、怒、哀、乐之未发，谓之中。发而皆中节，谓之和。中也者，天下之大本也。和也者，天下之达道也。"即人能够理智地控制自己的喜怒哀乐等情绪，使其符合礼仪法度，是万事万物运行的根本，是人人都须遵守的大道理。

那么，当孩子有情绪的时候，如何帮助他冷静下来，从失控状态重回理智呢？

1. 呼吸

研究表明，呼吸可以对情绪起到一定的调节作用。放慢呼吸频率，可以改变大脑情绪的神经调节通路，延长情绪的应激反应时间，从而产生调节情绪的作用。

因此，把注意力放在平时忽视的呼吸上，有意识地进行深呼吸，放慢呼吸频率，增加呼吸强度，可以有效调节情绪。这一点，在正念、瑜伽、冥想中多有验证。

但是，年幼的孩子可能很难理解"有意识""放慢频率""增加强度"，我们该如何做呢？

小俊妈妈了解到呼吸能够平复情绪，回到家里，带着小俊练习呼吸。妈妈一边吸气，一边说："闻花香，让空气把肚子充得大大的。"一边呼气，一边说："吹蜡烛，把肚子里的气全部呼出去。"小俊觉得很有意思，于是和妈妈一起"闻花香，吹蜡烛"，还相互摸摸腹部，感受肚子的起伏，练得很开心。

后来，小俊妈妈和朋友说起带孩子练习呼吸的事情，朋友笑着说："我倒是有个饺子呼吸法。"小俊妈妈很好奇，饺子还能呼吸？朋友大笑："就是这样，热腾腾的饺子上桌啦，我们先闻一闻饺子，使劲闻（吸气），啊，好香啊！可是饺子太烫啦，得先吹一吹，把它吹凉（呼气）。唯一的问题是，这个呼吸法总让我们很饿。"

小方法：饺子呼吸法

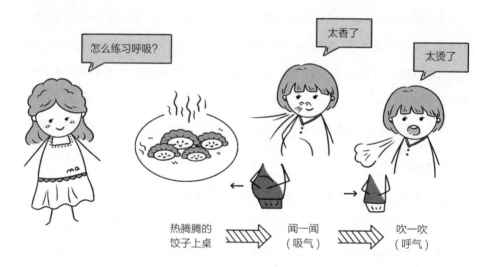

2. 画画

年幼的孩子还不能通过有逻辑的语言或者文字来表达自己的情绪，而画画这种直观、形象的展现方式就成了孩子表达情绪的最佳选择。

小慧 4 岁的时候，全家搬到了一个新城市，小慧也转到了一个新的幼儿园。在这里，一切都是如此陌生，新的老师、新的同学、新的环境，让小慧非常不适应。

有一天，小慧正在玩小水桶玩具，一个男生冲过来，二话不说就把她手里的小水桶抢走，拿去给另外一组的男生了。小慧去找那群孩子要水桶，他们不给，还笑话她的口音。小慧大哭起来。老师把小慧带到一边，安慰她，小慧还是哭得停不下来。老师递给小慧一张纸、几支笔，说："小慧，发生了什么，你感觉怎么样，把它画下来吧。"小慧接过笔，狠狠地在纸上画圈，把纸都划破了。渐渐地，小慧一边画，一边停止了抽泣，开始画一个小人，一只小水桶。

妈妈来接小慧的时候，老师把事情告诉了妈妈，把小慧的画也交给了妈妈。

回到家里，妈妈抱着垂头丧气的小慧，问小慧发生了什么。小慧前言不搭后语地告诉了妈妈，又哭了起来。

妈妈看着小慧哭，自己心里也特别不好受，不由得也跟着落泪了。小慧看到妈妈流眼泪，反倒停止了哭泣，拿给妈妈一支笔，说："妈妈，要不你也把眼泪画出来吧。"

画画是表达情绪的好方法，特别是对于年幼的孩子来说。

由于能力所限，他们可能说不清道不明发生了什么，当下的感受是什么，但是画画能够帮助他们表达。在画画时，大脑会调动不同的活动区域，让前额叶皮层重新工作，平息强烈的情绪。

下一次，如果孩子有强烈的情绪，递给他一支笔，请他把怒火或者沮丧画出来吧。

3. 冷静角

冷静角和下文的平静选择轮都是正面管教里常用的冷静办法。冷静角是一个让我们在有情绪的时候能够冷静下来的地方。那么，如何与孩子在家里建造一个冷静角呢？

首先，父母和孩子一起在家里选择一个区域。

其次，选择一个能够让大家感觉平静的主题，比如沙滩、森林小屋。

最后，充分发挥想象力，共同设计、装饰这个区域。这个区域不一定要多么奢华，但是一定要有父母和孩子喜欢的、能够让人平静下来的物品，比如孩子的小毯子、毛绒玩具，或者父母正在读的一本书。从提议到建造，家人要共同讨论，倾听孩子的想法，给予孩子充分的尊重和参与感。

当孩子有情绪的时候，父母可以邀请孩子："你愿意去冷静角待一会儿，等你感觉好的时候再出来吗？"切不可简单粗暴地把孩子丢进冷静角："你发火了，现在去冷静角待着！"这样，孩子会把冷静角看作一个惩罚的地方，以后再也不愿意去了。如果在邀请和询问后，孩子不愿意去，也要尊重他的选择。可以这样说：

"你希望怎样做才能冷静下来呢？"

"抱抱会不会让你感觉好一点儿？"

真正让冷静角发挥效用，最好的办法是自己先用，孩子自然会模仿，慢慢学会用冷静角平息自己的情绪。当我们和孩子发生冲突，不由得开始生气的时候，可以对孩子说："我现在觉得生气了，我要去冷静一下。"这样就可以暂时离开冲突现场到冷静角去。当然，离开的前提是，作为监护人，我们要确保孩子单独待着是安全的。

下一次，也许主动要去冷静角的，就是孩子了。

4. 平静选择轮

当愤怒来临的时候，我们还能够做些什么冷静下来呢？试试平静选择轮吧！

有一次，小格因为写不好一个很难写的字，她气得把笔都扔到地上了，气鼓鼓地坐了好久。妈妈问他怎么了，小格却把气撒到妈妈身上。妈妈没有说话，关上房门离开了。

过了一会儿，小格平静下来，去找妈妈道歉。妈妈说："我知道刚才你在气头上，没关系。其实你有很多办法可以冷静下来，只是刚才好像都忘了。"小格说："嗯，我生气的时候那些冷静的办法都跑了。"妈妈说："那我们来做个平静选择轮，把你的好办法都写在上面，以便提醒你冷静下来。"

妈妈让小格拿来一个纸盘，像切比萨一样分成 6 份，然后在每一份上写下一个可以让自己冷静的方法，比如深呼吸、走开等。小格还画了图，让平静选择轮更漂亮了。

平静选择轮做好啦！妈妈和小格轮流假装自己生气了，选择不同的冷静办法，演练一番，小格玩得不亦乐乎。

小格对妈妈说："我们把它放在客厅最显眼的地方吧，这样生气的时候就可以过来选一选。"

没想到的是，这个工具的第一个使用者居然不是小格也不是妈妈，而是爸爸。

有一天，爸爸下班回来就没有好脸色，"多云转阴，而且越来越阴"。小格看着爸爸黑沉沉的脸，说话做事格外小心。

果不其然，吃饭的时候，爸爸因为一点儿小事，就冲小格吼了起来。

小格拿出平静选择轮，对爸爸说："你愿意选哪个方法来'灭火'"？

爸爸愣了一下，看看平静选择轮，忽然笑了。

小格疑惑地看着爸爸："爸爸你选了哪个啊？"爸爸说："当然是转移注意力啦。你拿着这个平静选择轮来，就已经把我的注意力转移了。更妙的是，这个平静选择轮给了我一个启发——我们公司也可以做一个，这样我的老板就不会对我发火了，我想把这个平静选择轮送给他。"小格一下子把平静选择轮藏在背后："不，这是我们自己做的！你和老板去做新的吧。"

小工具：平静选择轮

1. 将纸盘分成 N 份。
2. 将冷静的办法填入纸盘。
3. 把指针与纸盘钉到一起。
4. 生气时转动它，选择其中
　 的办法让自己平静下来。

出现情绪波动时
转动选择轮

培养情感同理心

在前两节，我们了解了如何驯服情绪这匹野马——和孩子一起学习了体察情绪、表达感受、控制冲动的方法，从强烈的情绪中冷静下来。这是情绪力的基础。

接下来，我们将从认知和管理自己的情绪出发，去感受他人的感受，培养情感同理心。

1. 什么是同理心?

美国心理学家蒂奇纳在 20 世纪 20 年代最早使用了"同理心"（Empathy）一词。这个词来自希腊文 Empatheia，意为"感受到"。蒂奇纳提出，同理心起源于一种对他人困扰的身体模仿，个体通过模仿引发相同的感受。

同理心让我们设身处地为他人着想，体会他人的情感，理解他人的想法，并且以此来指引我们的行为。

值得一提的是，同理心不同于同情心。同理心是"我感受着你的感受，我和你在一起"，是感同身受，而同情心则是"我看到你的不幸，怜悯你的苦痛，我站在你的对面，或者比你高的地方"，是悲天悯人。

同理心是人与人之间建立联结的重要方式，也是社会力的基础。

通过换位思考，站在别人的视角来看世界，我们称其为认知同理心；通过感受他人的情感，人同此心，心同此理，我们称其为情感同理心。

在"社会力"一章，我们将深入探讨认知同理心，以及由此发展出的相互尊重、彼此理解、欣赏多样性等社会意识。

而在本小节内容中我们主要分享如何培养孩子的情感同理心。情感同理心是情绪力的重要能力之一，能帮助我们与他人建立情感上的联结，改变我们面对世界的观点、态度和行为。

2. 如何培养孩子的情感同理心？

同理心是社会情感学习能力的重要组成部分，能帮助孩子融入集体，关心他人，获得更多归属感和价值感。一个人要生发同理心，必须具备以下三种能力：

- 区分与辨认他人情感状态的能力；
- 理解对方观点和角色的能力；
- 体验情绪和给予反应的能力。

这些能力是如何发展的？人是如何产生同理心的？

关于同理心的生物学机制仍然在研究中，目前已知的是，同理心的生理基础包括镜像神经元、其他相关脑回路以及催产素。你是否有过在看电影时痛哭流涕的经历？在生活中，当我们看到有人伤心哭泣时，往往也会感到心里很难过，甚至黯然泪下。当我们不由自主这样做的时候，我们的身体里发生着什么？科学研究表明，这一切都归结于一种叫作镜像神经元的特殊脑细胞。

20世纪末，意大利神经生理学家贾科莫·里佐拉蒂在实验中观察到，猴子自己抓花生和看到研究人员拿起花生都会产生相同的大脑神经兴奋，从而发现了镜像神经元。当我们看到他人跟我们有一样的经历时，我们的镜像神经元就会产生电脉冲，在这一作用下，我们会不自觉地模仿他人的动作，感知他人的情绪。

镜像神经元让我们的大脑拥有能够直接感知他人状态的能力，但是只有镜像神经元并不能让人产生同理心。之后的神经学研究发现，产生同理心的大脑回路至少包含了10个彼此连接的大脑区域，催产素也会促使人产生同理心。情感同理心不仅受到人的生理机能的影响，更重要的影响因素来自人际交往、社会生活以及伦理道德。

1945 年，奥地利裔美国精神分析学家勒·内斯皮茨进行了一项备受质疑的研究——母亲与情感剥夺，他发现在孤儿院里被剥夺身体与情感接触的孩子，虽然生活在干净卫生、食物充足的环境中，但仍有 1/3 没能活过 2 岁。

英国精神病学家约翰·鲍尔比基于"恒河猴"的研究，提出依恋关系理论，解释了斯皮茨的研究，即孩子早期与母亲或主要看护者的关系，对于孩子情感和心智发展有至关重要的影响。安全的依恋关系奠定了我们与他人建立情感关系的能力，这正是情感同理心的基石。

每个人天生就有同理心，这是人类进化和基因遗传的结果。我们在对的环境、对的刺激以及自我觉察和努力下，都有机会建立同理心。正如约翰·鲍尔比所说："我们一生随时都能改变。"

《孟子·公孙丑上》中写道："人皆有不忍之心。"并通过有名的"孺子入井"的生动场景，提出了"四端"的说法，"恻隐之心，仁之端也；羞恶之心，义之端也；辞让之心，礼之端也；是非之心，智之端也"。其中恻隐之心是人生而有之的，是善的萌芽。

恻隐之心即同理心，没有恻隐、羞恶、辞让、是非之心，形同禽兽。然而，孟子并没有仅仅停留在萌芽状态的恻隐之心，他特别提出，"四端"要"扩而充之"，人才成为人。所以，天生就有的同理心，也是要拓展的。

正如心理学家艾伦斯洛夫所说："想拥有具有同理心的孩子，靠的不是教导孩子或告诫孩子要有同理心，而是身为父母的你必须对孩子有同理心。孩子对人际关系的理解，完全是从他体验到的人际关系中得到的。"

因此，同理心和其他能力一样，需要通过学习和练习，才能得到很好的发展。

依恋关系理论表明，婴儿从一出生，就在和父母或主要看护者的依恋关系中发展同理心。如果一个人在婴儿时期面对的是毫无响应或未付出情感的父母（例如，任由婴儿啼哭），那么很可能会影响他们对压力的感受，导致暴力行为的发生。

因此，缺乏安全的依恋关系，将阻碍同理心的发展，特别是会损害孩子与他人建立情感关系的能力，而这正是情感同理心的基石。培养情感同理心最有效的做法，就是让孩子看见父母的同理心。

美国康奈尔大学医学院心理学家丹尼尔·斯特恩的研究表明，让孩子知道他们的情绪会为人所接受并得到回应，是培养孩子同理心的开始。斯特恩将这个过程称为"协调"。斯特恩认为，亲子之间无数次重复的协调一致或者不相协调的时刻，塑造了孩子成人以后对人际关系的期望，这也许比童年时期重大事件的影响更加深刻。

现在请你根据亲子活动中父母不同的表达，感受一下它带给你的影响。

假设你是一个孩子。有一天，你拿着玩具在玩，小明抢了你的玩具。你很生气，跑回家哭着告诉妈妈，如果你听到妈妈说：

"这有什么好生气的，不就是一个玩具嘛。"

"小朋友要学会分享，你这样以后没人跟你玩了。别生气了，小气鬼。"

"你的玩具自己保管好呀，看，被抢走了吧！你可真怂。"

"没事儿的，你还有很多玩具，先玩别的吧。不要哭了。"

这时你感觉如何？

但如果你听到妈妈说：

"我看到你很生气，你愿意跟妈妈说说发生了什么吗？"

"你的玩具被抢了，真的很生气。来，妈妈抱抱。"

"你看起来非常生气。你想用平静选择轮，还是想去冷静角？"

"他没有征得你的同意就拿走你的玩具，让你特别恼火。你希望他能和你好好玩。"

这时你感觉又如何？

在第一种情形中，如果父母与孩子之间缺少协调的时间过长，孩子的情绪没有被看见、被接纳，那么他的情绪就会卡在那里。如果父母对孩子的特定情绪，比如开心、伤心、难过等，一直没有表现出同理心，那么孩子就会回避表达，甚至不愿意再感受相同的情绪，同理心的发展也将受到阻碍。

而在第二种情形中，孩子的情绪被接纳，看到父母展示同理心，孩子更有可能效仿父母，接纳他人的情绪，从而发展出同理心。

由此可见，培养孩子同理心最有效的做法并非给孩子上课、说教，而是让孩子看见父母自己的同理心。

3. 展示你的同理心

虽然有很多游戏或者刻意练习的活动帮助孩子培养同理心，但更重要的方法仍然是在生活的点点滴滴中，抓住教育契机，向孩子展示你的同理心。

4 岁的小博和妈妈一起去商场买东西。妈妈买了很多东西，两只手都拿不了了。

回家的路还很长，小博看到妈妈累得满头大汗，对妈妈说："妈妈，我帮你拿鸡蛋！"

妈妈十分欣慰，说："好的，小心一点儿。有你帮忙真是太好了！"

小博一开始还小心翼翼地拎着鸡蛋，但是走着走着，他就一边和妈妈聊天，一边手舞足蹈起来，不小心把鸡蛋摔在了地上。

小博看着流出的蛋液，哇的一声哭出来："妈妈，鸡蛋碎了！"

妈妈没有责怪他，反而安慰道："妈妈知道你不是故意的，这只是个意外，我们以后小心一点儿就好了。"

小博点点头。妈妈继续问："那你知道怎么拿鸡蛋才不会碎吗？"

小博停止哭泣，开始认真地想办法，和妈妈聊着，继续向家里走去。

小博和妈妈的相互关心和理解，正是同理心在母子之间的双向流动。

他对妈妈的关心被看见、被感谢、被鼓励，会更愿意继续关心他人。同时，他的情绪被接纳、被允许、被感知，以后他遇到类似的问题，也会学到妈妈的同理心。

父母还可以和孩子一起，在游戏和互动中培养同理心。

小游戏

如果你是 ×××

在阅读绘本或观看电影时，可以和孩子讨论，如果你是 ×××，你的感受是什么。帮助孩子理解角色的感受，培养情感同理心。

比如，在绘本中看到小朋友摔了一跤，你可以问孩子："如果你摔了一跤，你的感受是什么？"

比如，电影中的小朋友乐乐没有朋友，看起来孤孤单单的，可以问孩子："如果你是乐乐，小朋友不跟你玩，你的感受是什么？"

"如果你是 ×××"的游戏还可以延展到生活中来。

比如，孩子准备送给邻居小妹妹一个玩具，可以问孩子："如果你是妹妹，看到这个玩具，你的感受是什么？"

这个游戏可以帮助孩子站在他人的角度，根据他人所处的情景，设身处地地体会他人的感受和想法，从而发展出同理心。

如果你对培养同理心仍有困惑，建议阅读罗曼·克兹纳里奇的《同理心》一书。罗曼是英国的同理心权威研究者，作家、文化思想家，他在这本书里详细解读了培养同理心的六个习惯，并且提供了资源库，介绍了相关文学作品、影视资源等。如果你希望提升自己的同理心，请为孩子做出榜样。

4. 情感同理心行动

仅仅产生情感同理心是不够的，还需要把它转化为行动。表达关心、鼓励、拥抱、安慰等，都是情感同理心的行动。

美国发展心理学家迈克尔·托马塞洛通过类比人类儿童和灵长类近亲，尤其是黑猩猩的行为，得出了人类"生而助人"的结论。

他发现，人类儿童在生命早期（14~18 个月），就能够观察到他人的需求，并主动提供帮助。这些帮助包括分享物品（如食物），提供服务（如帮助他人拿到够不到的物品）和分享信息（如用"指"的方式告知他人方位）三个方面。

在托马塞洛的实验中，当一个成人抱着一摞书，想把书放进关闭着的书柜，却腾不出手来打开书柜门的时候，旁边一个蹒跚学步的孩子走过去，帮助成人打开了柜门。

托马塞洛指出，这种帮助行为是以同理心为基础的，孩子感受到他人的痛苦，才做出了这些行为。孩子天生乐于助人，父母只需适当引导，鼓励孩子为他人提供帮助，或表达关心和善意，而不是打压、阻止，孩子的同理心自然会在行动中生发。

情感同理心让我们感受到，他人的痛苦即自己的痛苦，与他人感同身受是我们关怀他人的基础。

小慧已经学会自己穿衣服了，可是 3 岁的妹妹还不会扣纽扣。

一天早晨，小慧穿好衣服，高兴地蹦蹦跳跳，妹妹却还在与纽扣"斗争"着，一脸沮丧。

妈妈轻声对小慧说："妹妹还没学会扣纽扣，她一定很着急。你可以做些什么帮助她？"小慧安静下来，认真地看了看怎么也扣不好纽扣、急得直扯衣服的妹妹，走过去说："我来帮你。"妹妹长舒了一口气，小慧帮妹妹扣好了纽扣。妈妈说："谢谢你帮助妹妹。"

"同理心生根计划"是加拿大推动的一项教育改革，让孩子在教室学到同理心的技巧，日后当他们走出教室时，即能成为倡导同理心的老师。据报道，已有超过50 万名 5~12 岁的孩子参与了这个计划。各项研究表明，"同理心生根计划"可以大量减少校园霸凌现象，促进合作，改善孩子与父母的关系，还可以提高学习成绩。据统计，这项计划让孩子的亲社会行为倾向，例如分享与帮助，增加了 55%。

现在，我们可以在家庭中帮助孩子培养同理心，与孩子一起学习、练习。让我们一起捕捉每一个实践同理心的时刻，传递温暖的力量。

第四章 自信力——豁达不放弃

自信是一个心理学名词。在社会情感学习的六大能力里，自信力指的是能准确评估自己的优势和劣势的能力，拥有乐观的态度和成长型思维。

这一章，我们将讨论父母如何帮助孩子培养积极的自我意识，了解自己是独一无二的，认可自己的强项和特点；培养孩子成长型思维，使其积极评估及开发自己的潜能；客观面对困难和不足，树立应对问题的勇气。

接纳：独一无二的我

孩子的成长过程也是他们自我认知不断完善的过程。拥有良好自我认知的孩子，会比其他孩子拥有更多的自信力，在生活和学习中更能坦然面对困难，鼓足勇气尝试新事物。

东东是个热情活泼，喜欢运动且精力旺盛的孩子。有一年，东东参加了 SEL 夏令营。在夏令营的亲子晚会上，有不少小朋友上台表演节目，跳街舞、讲故事、变魔术、拉手风琴……特别热闹。

妈妈想和东东一起上台唱歌，东东却红着脸拒绝了。晚会过后，东东看起来有点闷闷不乐，妈妈也因为没有和东东一起上台表演而觉得很遗憾。

老师发现东东似乎不开心，问他："我感觉你有点不开心，是因为上台表演的事吗？"

东东点了点头："老师，我只喜欢看他们表演，不喜欢自己表演。"

老师问："为什么不喜欢自己表演呢？"

东东说："我没有那么多才艺啊，所以我不想上台。"

老师告诉他："大家的爱好都不一样，有的喜欢画画，有的喜欢音乐，有的喜欢跳舞。老师看得出你很喜欢运动，晨起跑步你最积极，打乒乓球时还能打赢老师，非常棒！如果在运动场上，有人在看你运动或比赛，你会紧张吗？"

东东说："运动、比赛我一点儿都不紧张，而且如果有人观看，我觉得我还有点儿兴奋，会发挥得更好。"

老师说："你看，这就是你的才华和能力呀，每个人都是独一无二的，都有自己的喜好和才能。"

从这个案例中，我们可以看到，孩子在成长过程中会逐步发展出自我认知，而且难免会有意无意地与他人比较。我们可以帮孩子理解，每个人都是独一无二的，都有自己的特点和优点。让孩子看到这一点，是助其发展自信力的第一步。

1. 优点与缺点都是孩子的个性

每个孩子都有自己天生的气质，再加上后天因素（家庭、环境、经历）的影响而形成了各自的特点、个性和发展路径。

每个孩子都是一颗独特的种子，而父母更像是土壤，给种子提供有营养的环境，助其长成自己期待的样子。

然而在种子的成长过程中，父母往往容易被"比较"的迷雾遮住了眼睛。

和谁比呢？和那个无所不能的"别人家的孩子"。没有什么比无处不在的"比较"更让孩子受挫了。那么，被"比较"的孩子会有怎样的感受？

小信写字不好看，妈妈忍不住抱怨："你就不能态度端正点吗？都二年级了，字写得还没有幼儿园的妹妹好看！"听了妈妈的话，小信把本子一摔，气呼呼地说："你觉得妹妹写得好，就让妹妹写啊！她什么都好，我什么都不好！"妈妈被气得说不出话。

我们来看看妈妈和小信各自的感受：

妈妈（感到生气和失望）：我是想激励你好好写字，你不但不理解，还摔本子和顶嘴。

小信（感到受挫和愤怒）：总是拿我和妹妹比，我也有我的好啊。

在这个案例中，父母的原意是用比较来激励孩子，结果却伤害了孩子的自尊心。

如果一件事情别人能做好，自己却做不好，就已经会让人产生挫败情绪了，此时再被比较，更是雪上加霜。很多父母在拿自己孩子与别人家的孩子比较时，容易陷入以下三个误区。

（1）总是用自己孩子的不足与其他孩子的优点相比

通常被拿来比较的，都是一个自己孩子在某方面肯定比不上的对象，用别人的好来衬托自己孩子的不好。在这样的比较之下，孩子一定是灰心丧气的，这对他不公平。长此以往，孩子无法看到自己的闪光点，容易形成挫败心理。

（2）希望用外在的刺激来激励孩子

刺激孩子的目的当然是希望他进步，有时候这样做的确有短期效果。然而刺激并不是唯一让孩子进步的方式，如果孩子的动力来自外界，那么当这个刺激消失时，孩子也就失去动力了。真正的自信，是来自内心对自己的认可。

（3）促进的是竞争而不是合作

竞争会带来短暂的动力，然而在这样的关系中，父母无疑把被比较的孩子变成了孩子的竞争对手，各种矛盾也就随之而来。有教育专家指出，如果想要破坏一段真正的关系，就引入竞争吧。其实在未来教育中，如何与别人合作、互补、共赢，才是我们更希望孩子学到的。那么父母可以怎么做呢？

同样的案例，妈妈在学习后，可以这样做：

小信字写得不好看，妈妈对他说："宝贝，我们来找找看，哪些字是你认为今天写得比较好的，哪些是妈妈认为写得比较好的？你是怎么把这些字写好的？"

我们再来看看妈妈和小信各自的感受：

妈妈（感到平静）：虽然孩子字写得不好看，但一定可以找出相对有进步的。这样可以鼓励孩子发现自己可以做好的事情，建立自信。

小信（感到开心）：妈妈关注到了我的进步，原来我也是可以把字写好的，下次我要照这样的字写。

如果父母相信"比较"不是优秀的必经之路，而且对自己的"比较"有所觉知，就可以立刻在心里喊停。学会接纳孩子的不足，发现孩子的闪光点，和孩子共同解决问题，才能真正鼓励孩子，才能让孩子收获自信，做最好的自己。

2. 如何帮助孩子成为独一无二的自己？

除了拒绝比较，父母还要如何做才能帮助孩子接纳自己、欣赏自己，成为独一无二的自己呢？

（1）帮助孩子看到自己和别人的不同

金无足赤，人无完人。每个孩子都有自身的长处和短处。我们应该让孩子明白，自身有短处并不可怕，可以通过努力去改变。

过年期间，同同和表姐相约去滑冰。

这是同同第一次滑冰，她感到非常紧张。她用手紧紧地抓着冰上推车，非常艰难地迈开步子，滑得很缓慢、很小心。而表姐就像一只美丽的白天鹅，在偌大的冰场上自由地滑翔。

看到表姐滑得这么好，同同特别羡慕，再低头看看自己迈不开的双腿，觉得更沉重了。她心里感到非常沮丧，忍不住对妈妈说："妈妈，我不想玩了。"

看到表姐在滑冰场上优秀的表现，同同十分受挫，那么孩子遭遇类似情形时，父母应该怎么做呢？

首先，父母要共情孩子的感受："看到表姐会滑冰，而你不会，是不是感到有点受挫？这种感觉是不是很不舒服呢？"

其次，启发孩子思考："滑冰也是一种技能，猜猜看，表姐是怎么拥有这个技能的？"在孩子回答后可以告诉她："就像你学跳舞一样，要花很多时间，摔很多跟头。可是这个技能一旦拥有，就属于你自己了。这不意味着表姐有能力而你没有，只是你没有学习而已。"

最后，在合适的时间和孩子深入聊聊："想一想，你已经通过学习拥有了哪些技能？"

上面的回应方式可以让孩子意识到，每个人都有擅长的事，那是他们努力学习的结果；自己不会的技能是因为还没有学习过，不需要和别人去比较。父母应帮助孩子客观地看待自己和别人的能力。

（2）帮助孩子发现自己的闪光点

发现孩子的闪光点，是一个寻宝的过程。宝藏一直都在，我们有没有善于发现宝藏的眼睛呢？如果觉得有困难，不妨先问问自己：

我是不是总盯着孩子的缺点？

我是不是经常下意识地拿孩子和别人做比较？

我是不是只关注孩子的学习成绩、名次和奖牌？

……

然后再问问自己：

我的孩子有哪些优点？

他做什么时会非常专注？

什么事能让他兴趣盎然，持之以恒？

……

闪光点不是基于比较，而是基于孩子本身，是孩子身上任何好的地方，比如品质、习惯等，这些都需要父母和孩子共同去挖掘，也需要父母的认同和肯定。

小游戏

为自己写诗

独一无二的我

世界上有各种各样的人

就像花园中有五颜六色的花

天空中有各式各样的云

大海中有形态各异的鱼

每个人都是独一无二的

我是独一无二的_____（名字，例如露露）

我有_____（特点，例如一双灵巧的手）

我会_____（本领，例如画画、叠纸飞机）

3. 亮点原则：缺点也有另一面

其实，除了良好的行为、优秀的品质、独特的能力等特点外，孩子某些缺点的背后，也有值得我们去发掘和培养的地方。比如：

调皮捣蛋的孩子

● 我们从表面上看到的：孩子爱惹麻烦，不够乖巧，总是做出一些异于常人的事，让父母比较头疼。

● 孩子可能被埋没的闪光点：思想活跃，主意比较多，动手能力很强，胆子比较大，富有冒险精神和独立意识。

有点话痨的孩子

● 我们从表面上看到的：孩子平时话比较多，走到哪里都会叽叽喳喳地说个不停，甚至在上课的时候也会说话或插嘴，让老师特别头疼。

● 孩子可能被埋没的闪光点：性格外向，语言表达能力强，人际关系较好。如果加以正确引导，孩子有可能凭借语言天赋获得一定的成就。

父母把注意力聚焦在寻找孩子缺点背后的闪光点上，就称为"亮点原则"。它并不是自欺欺人地把不足或缺点看成是优点，而是带着探索的眼光，尝试去挖掘这些缺点背后，有哪些可以培养的特质。我们可以给予孩子有针对性的引导，帮助他们真正地发现自身的闪光点。

小游戏

闪光自画像

请孩子躺在一张大纸上，画出他的轮廓，再让孩子给自己的轮廓上添加一些元素，如发型、衣服、五官等。请孩子想一想自己有哪些闪光点，把想到的闪光点画在或写在轮廓边缘的空白处。

父母也可以补充自己的想法来启发孩子。在纸上留出一些空白，可供未来添加更多的闪光点。把这张大纸挂在孩子的房间，以后可以经常问孩子："你今天做了什么，可以补充到上面吗？"

这个亲子活动以视觉化的方式帮助孩子看见自己的能力和成长，鼓励他们觉察到自己已经具有许多才能，以及好的行为表现，从而让孩子欣赏和认可自己。

成长：我有成长型思维

果果有个好朋友之前去听了架子鼓的体验课，告诉她很有意思，果果主动提出让妈妈也陪她上体验课。

在体验课上，老师先给小朋友们做示范。当老师随着节奏特别潇洒地打鼓时，果果看得津津有味，迫不及待地想学，当即报了名。但是当老师正式开始教学，教鼓谱，安排练习节奏时，果果就打退堂鼓了。她跟妈妈说："妈妈我不想学了，架子鼓太难了……"

这已经不是果果第一次轻言放弃了。妈妈发现，即便是果果自己感兴趣的事情，一旦遇到困难，果果就觉得自己不行，自己做不到，最后都选择了放弃。

相信这个案例很多父母都会有体会：

• 我希望孩子有坚持的勇气，遇到困难不要轻易放弃。

• 其实我不在乎结果，我在乎的是过程，我希望孩子愿意努力尝试。

• 我已经经常表扬他了，他怎么还是没有信心？

• 孩子做什么事都喜欢选择简单的、擅长的，遇到不会的就逃避。

• 孩子遇到困难总是先找理由，看不到事情积极的一面。

……

在前一节中我们提到，每个孩子都是独一无二的，对自己的接纳是自信力的第一步。然而这个独一无二，除了拥有自己的个性、特点、喜好、闪光点之外，还有哪些发展的可能性呢？这就是自信力的第二步——成长，培养成长型思维。

1. 什么是成长型思维？

成长型思维又称成长型心态，是由美国著名心理学家卡罗尔·德韦克提出的，这种教育理念认为，智力和能力是可以靠后天努力而改变的，鼓励孩子积极评估及发展自己的潜能。

德韦克曾做过一个小测试。她问两组学生："假如你们考试只拿到了 57 分，你们会怎么想？"

第一组学生说："我还不够努力，也许我还没有找到有效的学习方式。"

第二组学生说："我想我不够聪明，或者我不擅长这门课。"

德韦克接着问："那你们会怎么做呢？"

第一组学生说："从现在开始，我会在这门课上更努力，我会花更多的时间去学。"

第二组学生说："我会尽量避开这门课。"（学习的动力消失了）

第一组学生认为只要不断努力，就能接近目标；第二组学生则认为，智力决定一切，努力也没有意义。

在这个小测试中，我们能明显看到成长型思维和固定型思维的区别。

第一组学生拥有的是成长型思维。他们认为智力和能力是可以靠后天努力而改变的，而且自己的潜力是未知的，所以他们遇到挫折时依然会相信自己，继续努力。

第二组学生拥有的是固定型思维。他们认为智力和能力是一成不变的，智力决定一切，努力也没有意义，所以他们遇到挫折时就完全否定了自己。

那么，固定型思维和成长型思维主要有哪些不同呢？

面对的情况	固定型思维	成长型思维
挑战	避免挑战，以维持聪明的形象	由于渴望学习而主动迎接挑战
困难	遇到困难与挫折时，通常的反应是放弃	遇到困难与挫折时，通常的反应是展示百折不挠的精神

（续）

面对的情况	固定型思维	成长型思维
努力	尝试与付出努力被视为否定性的行为。如果必须尝试，说明自己不够聪明或不够有才华	认为努力是成功的必要途径。艰苦奋斗，用努力为成功与成就铺平道路
批评	否定性的反馈，无论多么有建设性，都会被忽略	批评提供了重要的反馈，能够对学习与成长有所帮助
其他人的成功	其他人的成功被视作威胁，会引发不安全感或脆弱感	其他人的成功可能是灵感的源泉

每个人的思维模式都不是非此即彼的，我们既有固定型思维，也有成长型思维，是两种思维的混合体，不过是在某些特定情况下决定使用哪种思维方式罢了。比如，一个人在工作中面对困难时会采用成长型思维，但在做家务时却采用固定型思维。我们可以有意识地觉知和练习，让自己先做成长型思维的父母，为孩子树立榜样。

2. 如何培养孩子的成长型思维？

如果父母相信孩子的大脑和解决问题的能力像肌肉一样，可以通过锻炼变得更有弹性和力量，那么孩子就可以通过养成成长型思维，激发自己的无限潜力。

我们可以尝试使用以下四个方法来培养孩子的成长型思维。

（1）撕掉标签

当一个人被贴上某种标签后，他往往会有意或无意地让自己的言行不断地往标签上靠拢，这被称为"标签效应"。标签效应有利有弊，当孩子还不能全面认识和理解标签的正面或负面意义，以及它对自己的影响时，我们不应该让孩子被标签所定义。

过年期间，妈妈带儿子小军到同事家拜年。同事家的孩子与小军年龄相仿，两个孩子都很喜欢玩手机里的同一款赛车游戏。他们高兴地玩了差不多 15 分钟，同事的孩子说："每天只能玩 15 分钟电子游戏，现在时间到了，我们到客厅玩小汽车吧。"

小军妈妈对同事感慨道："你儿子真是自律啊，手机说不玩就不玩了。小军就很不自觉，只要一玩游戏就上瘾。"听到妈妈的话，小军顿时就不高兴了。

生活中，父母无意识的自谦、比较，对孩子的随意评论，都是在给孩子贴标签，会让孩子感到受挫。久而久之，孩子可能真的会那样看待自己，并且朝着那种刻板印象去发展，以为那就是自己本来的样子。我们也可以回想一下自己曾经被贴过的标签，比如：

● 作为姐姐，从小就被贴上了懂事的标签，一直认为姐姐必须谦让弟弟，照顾弟弟，一切以弟弟为优先是应该的，是懂事的表现，就会得到父母的表扬。以至于弟弟长大结婚了，还在依赖姐姐的付出。其实姐姐心中一直挺委屈的，做一个懂事的姐姐，却没办法真正做自己。

● 小时候被贴上懒惰、粗心、脾气不好的标签，结果自己养成了什么都不会做、一点都不细心、任性耍脾气的性格，并且认为自己天生就是这样，根本没想过要改变、能改变。

标签会限制孩子的心理发展水平、认知发展水平。父母和老师作为孩子接触最多的人，他们的评价对孩子的自我意识尤其是自我评价，有着直接的、重要的影响。撕掉标签，才能帮助孩子用成长型思维来看待自己和这个世界。

父母如何才能做到不给孩子贴标签呢？

① 将评价性语言改成描述性语言

评价性语言是我们主观的评判，比如觉得孩子懒惰、自私、娇气、好哭、粗心、爱打人、没耐心，或是乖巧、懂事、听话、聪明等。描述性语言是我们观察到的事实，可以用"我看到 / 我听到 / 我注意到……"来表达。例如：

用"我看到乐高玩具撒在了整个客厅里，地上还有吃剩下的巧克力……"替代"你怎么又乱丢东西，不爱收拾，搞得家里乱糟糟的！"

用"我注意到你放学回来看电视一个小时了，作业还没有做"替代"你怎么这么不自觉，就知道看电视，这么懒怎么能学习好呢？"

② 使用"标签清零表"

如果觉得孩子"没礼貌"，就想一想孩子有没有表现得很有礼貌的时候，然后把孩子有礼貌的事例写出来；如果觉得孩子"没耐心"，就想一想孩子有没有表现得有耐心的时候，然后把孩子有耐心的事例写出来；如果觉得孩子"胆小"，就想一想孩子有没有表现得很有勇气的时候，然后把孩子有勇气的事例写出来。

其实当父母想出或写出这些事例时，就是在提醒自己，把这些标签从孩子身上撕掉。

小工具：标签清零表

我给孩子贴的标签	这个标签的反面	具体事例
自私	大方	学校做义捐，孩子把自己喜欢的书籍捐了出去
注意力不集中	专注	我和他下棋的时候，他特别专注

父母可以尝试做这样一张"标签清零表"，从另一个角度重新认识孩子。也许只需要几分钟，孩子在我们眼中就可以变得更灵动、更立体了呢。

父母也可以跟孩子一起讨论，共同来完成"标签清零表"。

（2）教孩子运用"暂时还"的句式

5岁多的童童第一次尝试系鞋带，怎么也系不好。童童着急地对着妈妈大喊："妈妈，你快来帮我，我不会系鞋带！"妈妈笑眯眯地走到童童面前蹲下来，拿起鞋子对童童说："宝贝，你可以说：'妈妈，我暂时还（字音拖长）不会系鞋带。'只是因为你还没有练习过呢，妈妈来教你。我相信你多练几次就会了。"

"我不会"和"我暂时还不会"，两者的意思截然不同。

学会使用"暂时还"句式

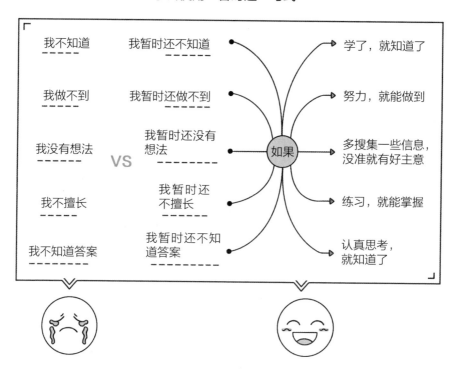

"暂时还"的意思，就是尚未具备这个能力，尚未做到，还在学习的过程中，只是还没有到达终点而已。这与全盘否定自己有很大的区别，因为"暂时还不会""暂时还没有"，代表的是自己通过努力，依然可以做到。

所以，如果孩子跟我们说"我做不了"，我们可以教他用一个"暂时还"的句式，告诉他"我暂时还做不了"的意思是他只是现在做不了，但经过学习，下次会做得更好。如此，我们能帮助孩子塑造这样的思维模式：当前的挫折和失败只是正常的学习经历，积极面对和努力会让自己下次做得更好。

小游戏

我的藏宝袋

为家庭成员每人准备一个精美的空袋子作为藏宝袋，再准备一些空白的小卡片。

▶**思考**：孩子和父母先想一想自己有哪些能力，把这些能力写在小卡片上，装进自己的藏宝袋里。

例如：父母的藏宝袋里可能有：会做饭、打字很快、会理财、会讲故事、能调节自己的情绪……

孩子的藏宝袋里可能有：会下象棋、会跳舞、喜欢帮助别人、有爱心、会照顾小动物、能让自己平静下来……

▶**互动**：每个家庭成员分别说说自己的藏宝袋里有些什么，然后让家人随机抽取一个，抽到哪一个，自己就要把这个能力表演或展示给家人看。例如跳一段舞，演示一下自己生气时是如何让内心平静的，等等。完成后，再去抽取其他家人的，请对方表演或展示。

▶**交流**：想一想，除了这些已经放入藏宝袋里的能力，还有哪些能力是自己之前没想到的？其他家庭成员可以帮忙补充，写好后再放进藏宝袋里。

▶**成长**：生活中看到孩子学习了新技能或发展了新本领时，可以邀请他写下来，放进他的藏宝袋里。

只要孩子相信通过自己的努力可以改变智力和能力,相信自己的潜力是无限的,困难和失败能够帮助自己进步，他们就会对学习充满热情。而当孩子每一次突破自己的舒适区去学习新知识、迎接新挑战时，大脑中的神经元就会形成新的、强有力的联结。久而久之，孩子会变得越来越聪明。

（3）使用新的口头禅

生活中遇到挑战、困难、失败、批评时，父母都应找一些机会与孩子进行讨论，让孩子有机会觉察自己的想法，尝试建立新的认知。

① 面对困难

将"太难了，我想放弃"，变成"我不放弃，我要努力试一试"。

② 面对挑战

将"我只想做对我来说容易的事，这样看起来我很棒"，变成"挑战是件很有意思的事，它能让我进步"。

③ 面对错误

将"我不擅长这件事就不去做，可以避免犯错"，变成"我可以从错误中学习，想不同的办法把它改正"。

④ 面对努力

将"我怎么努力也没用，还会显得我不聪明"，变成"过程比结果重要，努力就会有进步"。

⑤ 面对别人比自己优秀

将"我不可能像他一样优秀"，变成"你真棒，你是怎么做到的？可不可以教教我"。

德韦克说："当孩子发展出一种新思维模式的时候，他就进入了一个新的世界。"成长型思维让孩子拥有克服困难、不断进步的力量。

（4）给孩子真正的鼓励

在第二章中，我们讲过鼓励与表扬、奖励的区别。鼓励可以帮助孩子发展成长型思维，而表扬和奖励容易让孩子形成固定型思维。

德韦克的一项实验充分说明了这一点。

实验人员把孩子随机分成两组，并给他们准备了10个非常简单的智力拼图游戏。

在孩子完成后，实验人员对两组孩子说了不一样的话。

第一组孩子得到的评语是："哇，你拼对了，你一定很聪明。"

第二组孩子得到的评语是："哇，你拼对了，你一定非常努力地尝试过，所以表现得很出色。"

接下来，实验人员给这些孩子准备了 10 个同样简单的智力拼图游戏和 10 个复杂一点的智力拼图游戏，让两组孩子自由选择游戏的难度，并完成拼图。

结果，被称赞聪明的第一组孩子中，大部分选择了简单拼图；而被称赞努力的第二组孩子中，90% 选择了更有挑战性的复杂拼图。

当我们表扬孩子聪明时，等于在告诉他们，为了保持聪明，不要冒可能犯错或失误的风险。这样，即便是很小的孩子，也会因为避免出丑而选择简单的任务来完成。孩子会认为，遇到困难就意味着他们不够聪明或不够好，也不擅长解决问题。这会导致孩子形成固定性思维。

而关注孩子的具体行为、努力过程和每一点进步并加以鼓励，则会让孩子相信无论是谁，只要努力都可以做得更好，人的能力是可以发展的，困难或挑战都是培养能力的机会。这会帮助孩子发展成长型思维。所以，给孩子真正的鼓励可以这样做：

• 以孩子为主角，客观描述孩子值得赞赏的行为："我注意到……""我看到……"

• 关注孩子的努力过程，引导孩子思考："你是怎么做到的？"

• 感谢孩子所做的好的行为或对我们的帮助："谢谢你。"

• 发自内心地信任孩子："我相信你能。"

• 祝贺孩子的进步："祝贺你学会新本领，你的大脑又强大了。"

逆商：我有不怕犯错的勇气

自然界中的河流都是弯曲的，弯曲的河流每到一个地方，就会吸纳新的支流进来，慢慢地愈加宽阔，最后以磅礴之势汇入大海。所以，每一个弯路对事物的发展都有意义。

人生也是一样，错误就像我们前行中的弯路，我们是受困而拒绝前行，还是从中吸纳经验，从而激发出更强大的力量呢？

在父母课堂上，小迪妈妈说到很多孩子都会出现的一个问题——不愿意承认错误。

她被学校老师告知，小迪在和同学争执时，动手打了同学。生气的妈妈在小迪回家后，强烈地指责了小迪。谁知小迪根本不想聊这件事，被逼急了后说道："你什么都不知道，我就打架了，你能拿我怎么样！"

小迪最后的话语，就是大多数孩子在与父母交流不顺畅时的表现——不再表达自己真实的感受。孩子就在这样的情形中慢慢失去了勇气。

孩子在成长的过程中总不免犯错，而对错误的不当认知，会成为孩子勇于尝试、树立自信道路上最大的绊脚石。

1. 重新认识错误

你是如何看待"犯错"这件事的？请闭上眼睛，回忆一下。

犯错是不好的，是不应该的；犯错代表我很笨、很无能；犯错会被责骂或被嘲笑；好孩子是不应该犯错的。

如果这样看待犯错，那么我们通常会做出什么回应呢？潜意识里，也许是：

犯错代表我不好，所以我要避免犯错；犯错后最好不要让别人知道，我不能承认；是别人错了，不是我；如果很难，我就不去做了，不做就不会犯错。

没有人这样教育我们，但是我们的经历和感受，让我们在潜意识里这样看待错误。我们害怕犯错，更想避免犯错。

试想一下，有没有人可以在完全不犯错的情况下，学习一种新技能？再想一想，如果你知道自己犯错后，不会有人嘲笑你、看低你，那你愿不愿意为自己的错误负责，并做更多的尝试？

人非圣贤，孰能无过；过而能改，善莫大焉。我们应用积极的态度去看待错误。

（1）犯错是被允许的

我们不是圣人，孩子也不是，每个人都会犯错，首先要接纳这一点。

苗苗已经读小学二年级了。有一天，英文老师对苗苗妈妈说："我发现苗苗在上课时，经常找旁边的同学说话，我提醒了两次，她还是忍不住。我就生气地请她站起来，但是她竟然拒绝了。我觉得这件事情你需要和孩子谈谈。"

当天晚上，妈妈准备将老师反映的情况与苗苗聊一聊。

没想到苗苗却把头埋进了枕头里："今天我不想聊。"

妈妈说："其实今天在英语课上发生的事，妈妈已经知道了。老师当着全班同学的面让你站起来，你是不是挺生气、挺尴尬的？"

苗苗气鼓鼓地说："我当然生气啊，她特别凶，还让我站起来。妈妈，我当时有点害怕。"

妈妈说："我理解这种感觉，这么多同学在，你会觉得很不好意思，对吗？"

苗苗点点头。

妈妈说："咱们来玩角色扮演吧，体会一下老师当时是怎么想的。"

苗苗欣然答应。

于是，妈妈找来爸爸做"同桌"，苗苗则扮演认真讲课但总是被打扰的老师。

扮演结束后，妈妈问苗苗："刚才你提醒了几次，这位'学生'都不听，你有什么感受呢？"

苗苗回答道："不被尊重，很生气。妈妈，可以把你的手机给我吗？我觉得我应该向老师道歉。"

苗苗给老师发了一条信息："老师，我向您道歉。今天上课的时候，我总是在说话，是我的不对。您当时是不是很生气呀？对不起。但是我也想告诉您我的感受，您点我的名字时特别凶、很大声，我有点儿害怕，所以没有站起来。"

看到苗苗发的信息里不仅有道歉，还有"但是"，妈妈不由地担心老师是否愿意原谅苗苗。没想到老师立刻回复道："谢谢你，老师意识到自己今天也犯了个错，虽然当时很生气，但语气还是要温柔，谢谢你提醒老师。那我们一言为定，你以后上课不说话，老师也温柔点儿，不会凶你，我们明天见哦。"

我们本身就是在错误中不断成长的，所以父母要让孩子知道："因为你还小，做事情时难免会犯错，这是正常的。而当你犯错时，你需要知道自己错在了什么地方，然后去改进。"这样孩子就能知道，犯错并不可怕，只要能够认识错误、改正错误，就能不断进步。

（2）犯错与孩子本身的好坏无关

一定要让孩子知道，"我只是做错了某件事，但我本人不是个错误"。

我们来看这样一个例子，当知道孩子和同学打架时，两位妈妈不同的回应：

A妈妈指责道："你怎么可以这么对待别人呢？这样非常不友好，没有人会喜欢你，想和你做朋友了。"

B妈妈坐在孩子身边，拉起孩子的手，看着孩子的眼睛说："昨天你打伤了你的同学，我想你当时一定很生气。你的这位同学惹怒你，是他的不对，但是妈妈要告诉你，你这次的处理、回应方式是错误的，因为打架不能解决你们之间的矛盾。"

A 妈妈指责的是孩子这个人，给孩子贴了标签，这是对孩子人格上的批评，对他这个人的否定。孩子可能会被伤到自尊，出于自我保护，可能会否认或反抗。

B 妈妈从事情本身出发，只针对孩子的行为，用简单直接的话告诉孩子什么地方做得不合适。而且始终和孩子保持身体接触，也能够理解孩子的感受。孩子能感受到妈妈的爱，学会解决矛盾的恰当方法。

当孩子犯错时，我们了解事情真相以及正确回应十分重要。如果我们指出孩子的错误时，他的反应很激烈，那可能是我们的语气、用词伤害了他的自尊。

如果我们回应时，只涉及孩子的行为，单讲这个事情，告诉孩子什么地方做得不合适，不对他本身做评判，孩子反而容易接受。如果可以摸摸孩子的头，或者握着他的手，搂着他的肩膀，有一些肢体接触，在情感上说出他的感受，那么孩子就会更有力量，也更愿意向我们敞开心扉。

（3）犯错是学习的好机会

犯错时不但不要气馁，还要欢呼一声："哇，我犯了个错，让我来看看可以从中学到什么。"如果我们帮助孩子认识到，每一次犯错都是学习的好机会，那错误的价值就会被发挥得淋漓尽致。

孩子犯错后，不是抱一抱，安抚一下就结束了。孩子犯错往往说明他在成长中遇到了困难或挑战，还没有足够的能力来面对。这时候，我们可以用开放式提问，来引导孩子看到问题所在。

比如："端着菜盘子把汤水洒在了地上，以后收拾餐桌时要注意什么呢？""这次考试没有考好，是哪里没有掌握？""你用抢同学书包的方式跟同学一起玩，但现在看来同学并不喜欢这种玩耍的方式，你觉得要怎么做才能让同学喜欢和你一起玩呢？"

2. 如何帮助孩子从错误中收获勇气？

错误是成长过程中的宝贵财富，我们不能因为害怕犯错而失去勇气。父母的引导能够帮助孩子正确对待错误和改进错误。和孩子一起面对错误，汲取教训的过程中，也会慢慢刷新我们对错误的认知，和孩子一起成长。

（1）帮助孩子建立正确的认知

父母要让孩子了解，犯错是被允许的，也是学习的好机会。同时，我们也需要为自己的错误承担责任，这才是真正的勇气。

小游戏

犯错小锦囊

父母拿出三个犯错小锦囊，每个锦囊里有一句话或者一个问题，告诉孩子："只要我们读出那句话，回答出问题，就可以让错误不那么可怕。你要不要来试一试？"

打开第一个锦囊：虽然我犯了一个错误，但我本人不是一个错误。

帮助孩子理解犯错是可以被接纳的，自己只是做错了某件事，但自己不是一个错误。孩子感受到安全、被接纳，会更有勇气面对自己的错误。

打开第二个锦囊：我如何纠正自己犯的错误？

引导孩子把关注点放在解决问题上，思考可以做些什么来纠正错误，或是为错误承担责任。

打开第三个锦囊：我从错误中学到了什么？

启发孩子思考自己可以从错误中学到什么。从每一次错误中有所学、有所得，才是错误的最大价值。

（2）拥有让孩子承担责任的意识和道歉的勇气

相信很多人都听过"孩子闯祸，父母道歉"的故事。有智慧的父母会让孩子学会为自己的行为负责。这样孩子就可以从错误中学到要勇于承担责任，发展解决问题的能力。

例如，孩子因为边吃边玩而摔碎了碗，父母不必火冒三丈、大发雷霆，但是要让孩子负责把打翻的东西收拾干净。父母千万不能代替孩子收拾，但可以给予指导，教孩子应该怎么收拾，等到收拾好，再让孩子去做其他事。这样孩子就会知道，吃东西的时候不可以玩，收拾是很辛苦的。

又例如，孩子把别人的玩具弄坏了，需要赔偿，父母可以让孩子把自己心爱的玩具赔给对方，或者用他的零花钱买新的赔给对方。这样孩子就会知道，玩别人的玩具要爱惜，弄坏了是要赔偿的。

当孩子有犯错的体验，有承担责任的意识时，就会对错误有更深刻的认识。

（3）召开"错误茶话会"

父母可以与孩子每周约定一个时间坐在一起，吃点儿点心，喝点儿饮料，开一场"错误茶话会"。每个人都说说这周自己犯的错误，以及从错误中学到了什么。

小方法：召开"错误茶话会"

晚上，可可家里举行了每周一次的"错误茶话会"。

妈妈说："这周，我犯错了。因为太粗心，出差时，订的机票是从浦东机场出发，但是因为以前订的都是从虹桥机场出发的机票，所以习惯性地去了虹桥机场，差点延误了行程。幸运的是，路上没有堵车，我在值机柜台关闭前 5 分钟赶到了，没有耽误第二天的事情。"

可可听完妈妈的分享，给了妈妈一个拥抱，说："妈妈，你当时一定很着急，下次要看清楚机票哦。"

妈妈说："是呢，妈妈从这次错误中，真的学到了要细心一点，每次都要好好核对和检查。而且我学到了，早出门真的是有帮助的。"

如果孩子相信自己只是犯了一个错误，而自己本身不是错误，那就可以很坦然地分享自己的错误。如果孩子接受自己是一个不完美的人，敢于接受挑战，并从错误中学习和成长，那便是真正收获了勇气。

第五章 执行力——行动不拖延

执行力是把想法、要求变成行动，让行动产生结果的能力。孩子做某件事情的内在驱动力越强，执行的意愿就越大，事情被完成的概率就越高。在生活中，面对孩子起床、吃饭、写作业等拖延行为，很多父母无计可施，只能用强制手段，甚至动用"家法"。如果想要孩子说到做到，不用催促、提醒就能自己把事情做到位，就需要培养孩子的执行力。

这一章，我们将详述父母如何与孩子就某件事情做一个约定，并提高孩子的记忆力与注意力，让孩子自觉完成这件事；若是在完成的过程中遇到困难，教会孩子如何平静地面对问题，与父母一起寻求解决方案，并且接纳不完美的结果。

在我的大脑里画个圆

对于孩子来说，培养执行力需要很多基石，比如身体发展水平、认知能力以及自我管理能力等。我们不能要求一个刚会拿笔的孩子就画出规整的线条，一个两岁半的孩子自然就会画出一个封闭的圆，这是孩子的身体发展水平和认知能力不断提升的结果。

我们可以把孩子的执行力看作那个封了口的圆，那么怎么画出这个圆呢？先从整合大脑开始。

联结上层大脑与下层大脑，培养执行力

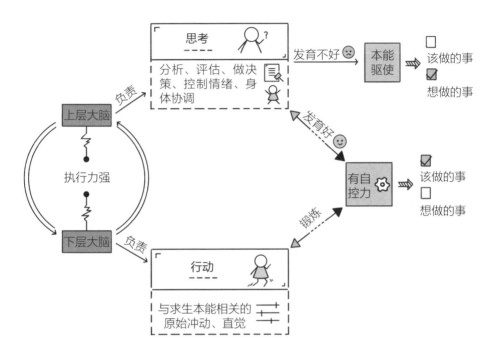

　　美国著名的神经生物学家丹尼尔·西格尔博士在《全脑教养法》一书中提出，我们的大脑可以分成上层大脑和下层大脑。上层大脑负责思考，通过分析、评估，做出重要的决策，还有控制情绪和协调身体的功能。下层大脑负责行动，还有和求生本能相关的原始冲动、直觉。

　　孩子很容易因为情绪、压力等因素而放弃做某件事。选择做想做的事，而不是该做的事，是本能在驱使。我们要培养孩子的执行力，就要锻炼孩子下层大脑的执行功能，控制冲动、管理压力，去做该做的事，而不是想做的事。

　　不同年龄的孩子大脑发育水平不同。当孩子的上层大脑还没有发育好时，他做的决定就更容易受到本能驱使。若上层大脑发育完成，经过不断练习，孩子就能控制自己，理智行动。

执行任务时使用的是整个大脑，就好像我们要在大脑里画一个封口的圆，把上层大脑和下层大脑整合起来。我们越有意识地锻炼大脑，这个圆就越顺滑，上层大脑和下层大脑的联结就越通畅，大脑的执行功能就越强。当然，除了孩子自身的成长之外，父母的示范、引导也很重要。

父母可以怎么做，怎么说呢？来看下面的例子。请把自己想象成一个孩子，体会一下在听到"说法1"和"说法2"时的感受，想想自己会做出什么样的回应。

	说法1	说法2
情景1	听起来你还想继续看，但是我们约定的看电视时间到了。赶紧把电视关了！	听起来你还想继续看，同时我们约定的看电视时间到了。是你关，还是我关？
情景2	急什么急，你忘记过马路要注意什么了吗？	看上去你迫不及待地想跑去那里玩，你记得过马路的规则是什么吗？
情景3	都玩了那么久了，可以了。赶紧把玩具收起来，否则我们就不讲故事了！	我理解你没有玩够，还想继续玩，同时现在是讲故事的时间了。你一收好玩具，我们就开始讲故事
情景4	不舒服没关系，一会儿就好了，赶紧刷好牙去睡觉！	我知道你刷牙的时候嘴巴不舒服。同时刷牙能让你的牙齿保持干净。你想用草莓味的牙膏，还是柠檬味的牙膏？

我们在SEL父母课堂里也会做这个体验。

父母表示听到"说法1"后的感受是难过、生气、沮丧、害怕、失望、不服气，想继续争论，或者拖着不干。

而听到"说法2"时，他们的感受是好奇、期待，虽然也有沮丧和失望，但是感到自己是被理解的，愿意配合父母。那么，这两种说法产生不同效果的奥秘在哪里呢？

"说法1"更关注事情，忽视孩子的感受，否定孩子的想法。这让父母无法走进孩子的内心，自然无法与孩子取得联结。而"说法2"则在关注事情的同时也关注孩子，从孩子的感受出发，理解孩子的想法。孩子感觉到被尊重，也愿意听父母继续说下去。

"说法2"将上层大脑与下层大脑联结了起来，画了一个圆。接下来，我们来具体学习如何以联结大脑为基础来培养孩子的执行力。

小方法：三步培养执行力

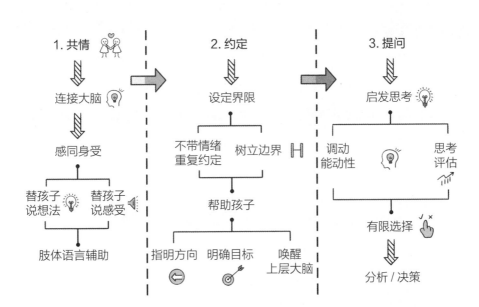

1. 共情，连接大脑

感受孩子的情绪，替孩子说出他的想法和感受，并用肢体语言做辅助。比如，看着孩子的眼睛，搂着他的肩膀，用温柔的方式进入孩子的下层大脑，平息下层大脑的冲动，缓解它的压力。

2. 约定，设定界限

不带情绪地重复约定，或者用问题去核实孩子对约定的理解。树立边界，为孩子指明方向，明确目标，唤醒他的上层大脑。比如，可以重复约定："我们每天看20分钟电视。"或者去核实孩子对约定的理解："在讲故事之前，我们要怎么处理地上的玩具？"

3. 提问，启发思考

调动孩子的能动性，启动上层大脑的思考和评估能力。给孩子有限的选择，让孩子分析、决策。

比如，父母可以根据情况给孩子两个选项："你想用草莓味的牙膏，还是柠檬味的牙膏？""你打算怎么整理玩具，是按照颜色来分，还是形状？"

父母还可以用问题引导孩子思考："数一数，你有多少玩具，多少整理箱？你有多少大玩具，多少小玩具？如果大玩具和大玩具放在一起，小玩具和小玩具放在一起，你的整理箱够用吗？如果大玩具和小玩具放在一起，整理箱够用吗？"

这样的提问可以一直继续，目的是帮助孩子练习做决策。父母还可以和孩子边做边探索，引导孩子决策。孩子会更认可、更愿意执行自己所做的决定。

虽然我们都爱孩子，希望孩子拥有很强的执行力，可不同的表达，会获得不同的结果。我们的眼里不仅要有事情，更要看见孩子。任何能力的培养都不是一蹴而就的，当我们放眼长远，就会有信心握着孩子的手，和他一起"画圆"。

贝贝和妈妈约定好了每天看电视的时长。但这次时间到了，贝贝耍赖，要继续看自己喜欢的动画片。妈妈平静地看着她说："我知道你很喜欢看这部动画片，想一直看下去。"然后停顿了一下，把手搭在贝贝的肩上继续说："我们今天看电视的时间到了，你关或者我关都可以。到了明天7点，你又可以继续看了。"神奇的是，刚才还在执拗的贝贝自己把电视关了。妈妈带着鼓励的语气对贝贝说："谢谢你遵守了我们的约定。"

在孩子做了该做的事情之后，父母可以给予积极的反馈，比如："谢谢你遵守我们的约定。""我看到你刷牙刷了足足 1 分钟，非常认真。"积极的反馈鼓励了孩子好的行为，肯定了他的努力。孩子的每一次努力，每一次尝试，每一次成功都值得被鼓励。而每一次鼓励都在强化孩子的信心，让他感觉自己有能力管理好自己，增强他的执行力。

孩子天生爱动。让他的身体动起来，可以释放压力，平复情绪，让大脑更专注于要做的事情。游戏是孩子最好的学习方式，我们可以通过一些亲子游戏来帮助孩子锻炼大脑的执行功能。

小游戏

西蒙说

简单玩法

① 父母边说口令边做动作如，"西蒙说，摸摸鼻子"，"西蒙说，抬抬左腿"。

② 孩子在听到父母的口令中有"西蒙说"时，跟着做口令里的动作；如果口令中没有"西蒙说"，则保持原来的动作不变。如"揉揉肚子"，父母和孩子则不用执行口令。

复杂玩法

① 逐步增加口令里动作的数量。如"西蒙说，摸头、摸膝盖"。

② 增加相反口令，即做与口令相反的动作，如口令是"西蒙说，跟我做相反的动作，变高"，孩子就要"变矮"。

③ 增加混合动作。如口令是"西蒙说摸耳朵"，孩子则需要摸手肘。

这个游戏可以从简单玩法开始，逐步增加难度。如果孩子无法完成，则降低难度让孩子获得成功。

游戏的目的不是赢，而是一起享受游戏的过程。

坐上我的双"力"马车

培养孩子的执行力，是一个伴随着儿童成长发展循序渐进的过程。在这个过程中，"注意力"和"记忆力"是两种至关重要的能力。没有注意力，孩子不知道要关注什么，听谁说话，自然也就不知道自己要做什么；没有记忆力，转头就忘记要做什么，还怎么执行呢？

注意力和记忆力会随着孩子年龄增长逐渐增强，如果孩子自然成长的力量像一匹骏马，那这两种能力就是马车的车轮。奔驰的骏马一路向前，车轮架起车厢，带着一路的积累和收获迎接未来。让我们一起来学习如何搭建双"力"马车吧。

1. 注意力

注意力是指人的心理活动指向和集中于某种事物的能力。专心就是注意力稳定，与之相对，分心就是注意力分散。我们常对孩子说的"注意听""注意看""集中注意力"，都是让孩子有意注意，即有目标的、需要付出努力才能维持的注意力。3岁以下孩子的注意力通常是没有预设目标的无意注意。哪里有刺激，对哪里感兴趣，就注意到哪里。所以如果孩子只有2岁，就不能强求他"集中注意力"。

小米3岁了，在玩的时候经常听不到妈妈跟他说的话。妈妈感到很烦恼。有人告诉她，小米在投入地做一件事的时候，不应该去打搅他，否则会让他分心，将来学习时注意力会不集中。妈妈很担心，真的是这样吗？

在这个案例中，假如妈妈叫小米时，小米在搭积木，那他关注的对象是积木，就可能过滤掉妈妈的话。小米可能正在思考和尝试，努力地调动注意力集中在当下的"工作"上，这样的注意力是非常宝贵的。如果他没有回应妈妈，妈妈应该感到欣慰，因为孩子真的非常投入。

但假如孩子在看电子产品，情况就不同了。因为电子产品里的刺激是不间断的，随时有新的刺激点出现，孩子并不需要努力就能被吸引，而且会很享受这种被动的刺激。

当孩子习惯了这种强度的刺激，到了生活和学习中，当没有新的刺激点时，就很容易无聊或者烦躁。所以沉迷电子产品，并不能锻炼注意力，反而容易让孩子分心。

那么，孩子这种有目标的注意力能持续多长时间呢？不同年龄段的孩子，注意力集中的时间不同：

- 3~4 岁，3~5 分钟；
- 4~5 岁，5~10 分钟；
- 5~6 岁，10~15 分钟；
- 6~10 岁，15~20 分钟；
- 10~12 岁，20~25 分钟；
- 12 岁以上，30 分钟以上。

研究发现，在玩游戏（不是电子游戏）的时候，孩子注意力集中的时间更长，甚至可以达到以上时间的 4~5 倍。因此，通过游戏来锻炼孩子的注意力是非常重要的一种方式。

接下来我们做一个小游戏，以提高孩子注意力的敏感度，保持注意力的稳定性。

小游戏

注意力望远镜

玩法：

① 和孩子一起，将双手围成圈模拟望远镜，放在眼睛上。告诉孩子，这个是"注意力望远镜"。"注意力望远镜"是用来集中注意力的，帮助我们看向重要的东西，不受其他东西的影响。集中注意力需要用到眼睛（看）、耳朵（听）和大脑（想）。我们可以用语言来控制"注意力望远镜"。请孩子想一个打开自己"注意力望远镜"的暗号，比如"集中注意力""仔细观察""认真听"。

② 和孩子练习使用"注意力望远镜"，比如"拿起你的注意力望远镜看向时钟"，"拿起你的注意力望远镜看向爸爸"。当孩子熟悉了用手模拟"注意力望远镜"集中注意力之后，可以让孩子把手放下，告诉他："无论手在不在眼睛上，注意力都在（注意的东西上）。"

③ 爸爸妈妈分别说出不同的指令。请孩子跟着其中一方，比如妈妈的指令做。告诉孩子，在这个过程中爸爸会来分散他的注意力，孩子要打开他的"注意力望远镜"对准妈妈。校准之后，可以让孩子把手放下，提示孩子无论手在不在眼睛上，注意力都要在妈妈身上。也可以用两个玩偶代替爸爸妈妈发出指令。爸爸或妈妈双手各拿一个玩偶，用不同的音色区别玩偶说出指令，孩子只听其中一个玩偶的指令做动作。

2. 记忆力

有人认为记忆力是天生的；有人认为它是后天形成的，可以通过不断练习变成"最强大脑"；有人认为小孩子的记性好，年纪越大越退步；有人认为小孩子没记性，都想不起在幼儿园里午饭吃了什么。

在这里，我们不探讨是基因对记忆力更重要，还是后天环境对记忆力更重要，也不判断人在哪个阶段的记忆力最好。我们主要来了解下记忆力包括哪些方面，以及父母能做哪些积极的事情来提高孩子的记忆力。

（1）记忆力是"记"和"忆"的能力

记忆的过程包括"记"和"忆"。先"记"后"忆"，记下的信息被回忆起来，就完成了一个记忆过程。"记"是识别和记住，"忆"是提取和回忆。"记"是"忆"的前提。

孩子记忆的内容可能是简单的指令，执行的过程，或执行过程中和完成后的感受、想法。孩子的记忆里也包括向父母学了什么，向同伴学了什么，自己积累的经验，等等。无论是好的还是坏的，我们所能回忆起来的都是对自己很重要的，值得保存的信息。而保存下来的记忆，也影响着自己的行动。

（2）找到"记"的特点，"忆"便事半功倍

很多父母抱怨孩子"没记性"，讲几遍都记不住，自己简直要变成复读机了，唠叨得自己都感觉不胜其烦了。如果我们了解了记忆的特点，就不会陷入这样的困境了。

① 视觉记忆——记忆图像

图像比文字能更快地传递信息。在很多地方，如洗手间、电梯都用图标代替文字，让人一目了然。孩子不认识文字，无法从文字中获取信息，但是能理解图像的含义。孩子最容易接受的就是他们看到的"画面"，所以我们要尽可能地把指令变成图像的形式。图像代替文字，更代替了语言。孩子只需要看到图像，就知道自己要做什么。

涂鸦可以传递丰富的信息，更容易帮助孩子记忆。而且涂鸦时，孩子能发挥自己的主动性，感觉到自己有能力。"能做到"是一种积极的感受，让孩子对做这件事情更有信心。

② 听觉记忆——遵守指令

在更多的时候，孩子需要对听到的指令做出反馈。他们需要努力调动注意力，在短时间里记住这些指令。通过听去记住指令，则需要培养孩子倾听的能力。

● 倾听四要素

在孩子的 SEL 课程中，我们会和孩子模拟需要用不同方式沟通的场景。

两个孩子同时说话，告诉对方自己周末里的趣事。例如，孩子 A 兴奋地说着他在游乐场首次尝试滑垂直滑梯时的惊险刺激，同时孩子 B 迫不及待地告诉孩子 A 自己在街上怎么发现一只流浪的小猫，最后求得爸爸妈妈同意收养它，并为此感到惊喜。两个孩子都想尽方法去获得对方的注意，让对方听自己说话，可是最后谁都没有听到对方说了什么。

通过模拟场景，我们总结了倾听的四个要素：眼睛看、耳朵听、嘴巴闭、心思考。在对方说话的时候，我们的眼睛要看着对方，而不是东张西望；耳朵要注意听对方说了什么；闭上嘴巴，不插嘴；用心思考所听到的内容。

倾听四要素

1. 眼睛看　　　　　　　　　2. 耳朵听

☒ 东张西望　　　　　　　　☑ 识别关键词

3. 嘴巴闭　　　　　　　　　4. 心思考

☒ 打断他人说话　　　　　　☑ 思考听到的内容

● 识别关键词

在倾听的时候,孩子要有意识地识别关键词,因为关键词是孩子理解语义的钥匙。有时一句话里只有一个关键词,有时一句话里有几个关键词。在听的过程中,识别出的关键词越多、越准确,就越能理解这段话的含义。

例如前面提到的"西蒙说"游戏,游戏口令中的关键词是"西蒙说"。当听到"西蒙说"时,孩子才能跟着做口令中的动作。当没有听到"西蒙说"的时候,就停着不动。在游戏过程中,孩子会更重视这个关键词,如果没有听清楚游戏前的指令,就没有办法玩好游戏。做题的时候也一样,识别题目中的关键词,是答对题的前提。老师也常会要求孩子在做题时把关键词圈出来,以提醒自己关注题干重点。

● 重复

我们在上学的时候都有背诵课文的经验,朗读几遍课文并记忆,在特别难的地方会重复朗读,读一遍背一遍,直到记住。重复是提醒,是强调,也是澄清。重复可以帮助孩子验证和强化所听到的内容,印刻在心里,加深记忆。

但是,在家庭教育中,父母要明白重复并不是唠叨,更不是发泄自己的情绪,重复也有技巧。对于年龄较小的孩子,父母首先要确保孩子的注意力在自己身上,双方都是平静的状态。父母可以放慢速度重复一遍,让孩子有足够的时间识别出关键词,并记住它们。对于大一点儿的孩子,父母可以把重复的工作交给孩子,让孩子重复一遍父母说的话。

● 积极的自我对话

自我对话的意思是轻声地对自己说话,或者在脑子里说话。自我对话的内容可以是听到的指令,比如"集中注意力";也可以是帮助自己去规划、去执行的方法,比如"先拿红色积木,再拿绿色积木",或自我激励的话,比如"我可以做到"。

在幼儿园里，我们教孩子使用自我对话来处理学习和生活上的问题。孩子会在上课时用自我对话重复老师的指令，帮助自己记住要求；会在排队时，用自我对话告诉自己"耐心等待"；会在生气时，用自我对话说"停一停"，帮助自己平静下来……自我对话可以帮助孩子加深记忆，提高注意力，还可以提醒孩子自己应该做到哪些事。

说到做到我最棒

执行力是社会情感学习六大能力中和自我管理相关的一种能力。自我管理的定义是，在不同情形下成功调节自己情绪、想法和行为的能力，有效地管理压力、控制冲动、激励自我，有能力设定个人和学业目标并为之努力。

执行力是完成所设定目标的能力。这种能力和个人意愿、自身发展水平有关。孩子"说到做到"是父母对孩子的理想化期待，而有时孩子的年龄可能会限制他的能力。孩子"做不到"，一方面是执行力还未被培养出来，另一方面是他真的无法完成超越他年龄阶段的任务。父母既要客观看待孩子现阶段的能力水平，又要在他可接受的、能力可达的范围里，不放弃培养他的执行力。

1. 以终为始定目标

俗话说"三岁看老"，父母总是特别担心孩子现在表现出来的问题会影响未来的发展。事实上，从现在到未来的旅程中还有很多可能性，而这些取决于父母的教育方式以及如何应对这些问题。

父母常纠结孩子没做到眼前的任务，认为做到了就代表成功，没有做到就代表失败；孩子没有做到，那他就有问题，而父母就有麻烦。

但是眼前的任务是我们真正的目标吗？不是，那只是短期期待。我们的长期目标是希望孩子拥有执行能力、抗挫折能力、自我管理能力，希望他们是自律的、负责任的，能有效调节压力的人。

当我们明确了自己的目标，就像开启了导航，所作所为都是为了孩子更好地成长。那些待完成的任务都是磨炼孩子品性、考验父母智慧的机会。建议每位父母写下对孩子的长期目标，时常反思自己的教养方式是不是对孩子有帮助。以终为始，才不会偏航。

2. 抱持信念树信心

在培养孩子执行力的路上，我们会遇到很多挫折。抱持着"参与合作"和"享受过程"这两个信念会让我们始终清醒，遇到困难时不紧张，并对未来充满信心。

（1）参与合作

"参与合作"的重点在于合作。父母不只是发号施令者、监督者、督促者，也要为任务的执行负责。如果孩子不会，父母有责任教会孩子；孩子会了之后，父母应及时放手。父母和孩子是队友，不是对手。

如此，父母对事情的看法才会是客观的和有建设性的。躬身入局、换位思考，亲子关系才能更深厚、更坚固。

（2）享受过程

如果我们只以结果论成败，就会失去很多学习的机会。实验表明，当父母更关注结果时，孩子会因害怕失败而选择更容易的事情。

可是有谁是从不失败的呢？爱迪生做了上千次试验，才发明出灯泡。有人问他是如何成功的，他的回答是，每一次失败的试验。因为每一次失败后，他都有所收获。

同样，孩子也会经历挑战和失败，会犯错误，会停滞不前，而这些经历都是孩子学习的机会。

3. 我的时间我做主

时间管理是自我管理中具有代表性的一个方面。管理时间就是管理人生，善于管理好自己的时间才能过好自己的一生。

父母希望孩子有时间意识，知道什么时候做什么事情，抓紧时间完成该做的事，才能留出更多自由的时间去做自己想做的事。而现实是，精心安排好的时间表如同摆设，早上鸡飞狗跳赶出门，晚上鸡犬不宁到深夜。

现在，我们以时间管理为例，来看看如何帮助孩子学习自我管理。自我管理分为三个步骤：设定目标、规划步骤、努力完成。我们一起看下月月和妈妈制作时间表的沟通过程。

妈妈：月月，马上要开学了，早上不能像暑假里那样想睡到几点就睡到几点了。要想早上起得来，晚上就要早点睡。如果晚上9点睡觉，那我们在睡觉前要做些什么呢？我们来把想到的写下来。

月月：我要洗澡，刷牙，还要看动画片。

妈妈：好的，妈妈都记下了。还有什么吗？

月月：还要喝牛奶，听故事。

妈妈：好，我都记下了。还有吗？

月月：……

妈妈：我们以前早上选衣服要花好长时间，你看要不要在晚上把衣服都准备好，这样第二天就不用再找了。

月月：好的。

妈妈：还有吗？

月月：还要关灯。

妈妈：好的，我们把关灯也写上去。还有吗？

月月：然后就睡觉了。

妈妈：好的。我们把睡觉也写上去。你看我们写了这么多，有洗澡、刷牙、看动画片、喝牛奶、听故事、准备衣服、关灯……原来睡觉前要做这么多事情呢。月月你来排个顺序吧，我们先做什么再做什么呢？

月月按照自己的想法，给这些事情排了序：

1. 看动画片；　　　　　4. 洗澡；　　　　　7. 关灯；

2. 准备衣服；　　　　　5. 刷牙；　　　　　8. 睡觉。

3. 喝牛奶；　　　　　　6. 听故事；

妈妈又和月月一起预估了做每件事情的时间，确保晚上 9 点能关灯睡觉。她们在每件事情旁边标注了开始的时间。

妈妈：你这次是希望像上次那样把这些事情画下来，还是把每件事情拍成一张照片？

月月：我想拍照！

妈妈：好的，那我们来拍吧。

妈妈把拍好的照片按照月月说的顺序排在一起。月月正在学习认识钟表，妈妈就在每张照片旁边画了一个钟表盘，标出了开始的时间，方便月月识别。就这样，时间表制作完成。

接下来，我们通过时间表的制作过程，分享自我管理的三个步骤。

（1）设定目标

首先，月月和妈妈对于要做的事情达成了共识，她们的目标是"晚上 9 点睡觉"。设定目标要具体清晰可量化。比如"早一点睡觉"和"晚上 9 点睡觉"相比，"晚上 9 点睡觉"更为清晰。再来比较一下，以下目标中哪些更具体清晰可量化？

• 收拾玩具 / 把玩具收到玩具柜里

• 弹琴 / 弹 30 分钟琴

• 看动画片 / 看一集动画片

左边的目标很笼统，右边的目标很明确。如果孩子年龄大一些，对于目标有自己的想法，那么父母和孩子可以相互分享自己的想法，最终达成大家都认可的具体清晰可量化的目标。

（2）规划步骤

制作时间表具体分为两步：分解时间和手工制作时间表。

第一步，妈妈和月月列出睡觉前要做的每件事情，分解了任务，这些任务就是一个个小目标，同时她们明确了完成这些小目标的时间。第二步，她们用照片展示出每项任务，让这些任务更易于理解。在整个过程中，妈妈用问题引导思考，孩子贡献想法和主意。妈妈和孩子一起手工制作出时间表，让孩子对于即将要执行的时间表充满期待。案例中用的是照片，如果孩子喜欢画画，也可以把这些任务分别画下来，再按照顺序排列。

邀请孩子在规划步骤的过程中高度参与，会让孩子觉得这张时间表就是自己的，对其中的每一件事情都清楚地知道什么时间做、怎么做以及完成的标准是什么。这会给孩子很大的安全感。孩子还可以感觉到自己有能力安排自己的时间和生活，所以会更愿意为此付出努力。

（3）努力完成

在制作好时间表后，就要执行了。这不只是月月的睡前时间表，也是妈妈和月月之间的共同约定。所以在月月执行时间表的时候，妈妈要跟进执行。而且在此之前，妈妈最好梳理一下自己的时间表，看看有没有和月月的时间表冲突的地方，以做出调整。

4.面对困难有办法

如果父母在跟进执行的过程中，发现孩子没有按照时间表执行，怎么办？

（1）平静而不是急躁

如果双方陷入情绪之中，是无法解决问题的。对于孩子来说，情绪可能来自未完成父母期待的失望，也可能来自未实现目标的挫败感。对于父母来说，情绪可能是担心、焦虑或急躁。感觉好才能做得好，无论是谁有情绪，我们先要做的事情是平静下来。

① 停一停

父母可以和孩子一起，用自我对话的方式对自己说"停一停"，也可以做几次深呼吸，让自己的身体放松下来。身体放松之后，情绪也会慢慢地平静下来。一个"停一停"的念头，可以把自己抽离当下的情绪状态，深呼吸的动作让更多氧气进入血液循环，让大脑脱离"逃跑、战斗、僵固"的本能状态，为开启思考做好准备。

② 平静选择轮

父母还可以和孩子一起制作平静选择轮（方法见第二章第二节"管理情绪"中的平静选择轮）。在大家平静的状态下进行头脑风暴——有强烈情绪的时候可以做些什么让自己平静下来。比如，拥抱、画画、停一停、深呼吸等。在出现情绪的时候，可以去转一转平静选择轮，看看它指引自己去做些什么。

（2）犯错而不是"犯罪"

孩子在完成任务的过程中难免会犯错，如果父母把这些错误看成孩子自身的问题，会极大地打击孩子的自信心。因为做错一件事而上升到人格层面的否定，对孩子来说是一种巨大的伤害。

"你是故意的吧，一到这个点就闹肚子。"

"这么点小事都做不好，你太没用了。"

……

这些话会像针一样扎进孩子的心里。孩子可能再也不愿意尝试，因为做对了是应该的，而做错了就是个坏孩子。如果是这样，谁愿意去冒险呢？父母或许只是想激励孩子，让他不要放弃，但是未曾想过这些话如同判了孩子的罪。

所以父母要对事不对人，把犯错看成是孩子学习执行力的机会，帮助孩子正视错误，寻找解决方法，下次才能避免犯类似的错误。父母可以这么做：

① 用提问代替命令

当看到孩子正在迷惘，不知道如何进行下去的时候，父母可以用提问的方式来引导和启发孩子，而不是命令他去做什么。比如：

"你的时间表上，下一项是什么？"

"如果想按时睡觉，你觉得我们能读几本书？"

"明天有体育课，你觉得穿什么衣服合适？"

提问引发思考，提问产生动力。听到问题，我们的本能是寻找答案。孩子更愿意按照自己想出来的方法去执行。

② 用反思代替指责

反思已经发现的问题，可以帮助孩子从错误中学习。比如：

"今天没来得及读书，你觉得是什么原因？"

"要想把头发冲干净，该怎么做？"

"今天执行了时间表，你觉得自己哪里做得好，哪里做得还不够好？有没有积累什么经验？"

（3）完成而不是完美

完美容易束缚我们的行动。"如果做不到完美，那就不做"，但是只有开始才有可能完美，不开始永远不可能有完美的机会。

做很多事情都是一个从生疏到熟练的过程。只有坚持练习，才能进步。在还生疏的时候孩子会遇到很多困难和挑战，继续练习需要勇气。父母应关注并鼓励孩子这份不完美的勇气。

① 关注当下

当下的每一种情绪都是最真实的，和孩子一起兴奋，一起失望，共情孩子，和他们在一起。当下的每一个动作都是最直观的，反映的是孩子现在的水平和能力。父母首先要接受当下，关注当下。如果孩子成功了，思考接下来还能如何提升。如果孩子失败了，思考接下来应该如何帮助他。每一个当下都是孩子学习自我管理，培养执行力的机会。

② 关注优点

父母要看到并说出孩子的优点。

"我看你把积木送回家的时候，是按照颜色来摆放的。特别有条理，积木筐特别整齐。"

"当铃声一响，你立即就去洗澡了，特别守时。"

"在妈妈进房间之前，你准备好了靠枕和书，安静地等着妈妈，你好贴心。"

除了告诉孩子他有什么优点，还可以邀请他说说自己的优点。把优点记录下来也是一个很好的方式，具体做法可以参照第四章的小游戏"闪光自画像"。

（4）放手而不是放弃

在执行时间表的过程中，父母应该放手让孩子自己体验，而不是干涉。但是对于孩子执行的状态，父母仍需要有意识地关注。

如果孩子还不会，父母要教。如果孩子在执行过程中遇到困难，父母可以引导孩子想方法解决。总而言之，父母是放手而不是放弃，要花时间训练孩子，让他从不会到会，从不熟练到熟练。

父母可以使用"示一视"的方法。

第一步，示范——我做你看。父母教孩子，给孩子示范如何做。

第二步，一起——我做你帮，你做我帮。可以先让孩子帮着父母做，然后孩子自己来做，父母从旁辅助。

第三步，注视——你做我看。在孩子做的时候。父母可以远远地注视着孩子，看他完成的情况。如果还有困难，父母可以马上回到第二步，从旁辅助。如果孩子已经能独立完成，父母则继续关注，用心观察，从中发现他做得好的地方，在孩子完成后鼓励他。

第六章 社会力——仁爱不自私

社会力是一个人在社会中生存、成长、发展、实现自我并成就他人的能力。

社会力体现在人际关系中。要建立并维持健康的人际关系，需要我们将兴趣从自身扩展到他人，通过相互尊重、换位思考、共情他人、接纳不同、团队合作来实现共赢，最后，为社会做出贡献。

在社会情感学习中，社会力主要体现在社会意识和人际关系两方面。社会意识是换位思考，与他人共情的能力，包括那些来自不同文化背景的人。有能力理解社会准则和道德标准，了解家庭、学校和社区的资源和支持。

人际关系是与他人或团体建立并保持健康、有益关系的能力。有能力耐心倾听，认真沟通与他人合作，抵抗不当社交压力，建设性地进行冲突协商，有需要时寻求并提供帮助。

这一章，我们将详细探讨如何帮助孩子培养社会力，从为家庭做出贡献，到与他人建立关系，再到培养认知同理心，一步步拓展孩子的社会力。其中沟通的部分，将单独在第七章"沟通力"中深入探讨。

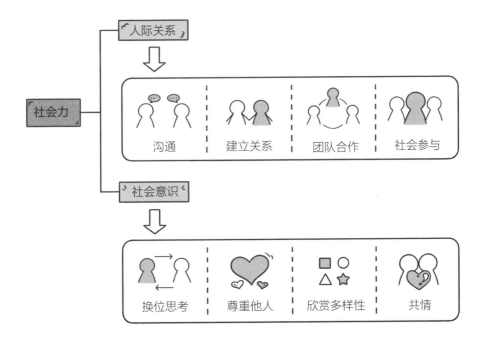

拓展孩子社会力的两大方面

立爱自亲始

阿德勒在《自卑与超越》一书中提到，从家庭开始培养孩子的社会力被称为"母道"："所谓母亲的技巧，我们指的是她和孩子合作的能力，以及她使孩子和她合作的能力。这种能力是无法用教条来传授的。""母道"落实到日常生活中，无外乎以下三点：意识、机会和支持。

1. 培养孩子社会力的意识

当今社会，我们往往更关注如何把孩子培养成精英，一切以孩子为中心。

在"孩子唯我独尊"的家庭环境下，孩子原本的利他之心可能被自私自利淹没，很难主动关心他人，助人为乐。

因此，父母首先需要在观念上认识到社会力的重要性，小心呵护孩子的利他之心，有意识地为孩子创造做贡献的机会。

两岁半的斌斌看到妈妈拿着扫把在打扫，觉得很有趣，也想去帮忙，一边说"斌斌扫扫"，一边去抢妈妈手里的扫把。妈妈拦住他："哎呀，快走开，你把我刚刚扫完的地又弄脏了，还不够添乱的。"斌斌还要扫，妈妈说："斌斌乖，别闹了，去吃苹果吧。"

两岁半的小慧，看到妈妈扫地，也想帮忙。妈妈说："这里有个小扫把，给你。你想扫这边，还是那边？"小慧指指客厅那边。妈妈说："好，你扫那边，我扫这边，看看我们谁先扫完。"小慧卖力地扫起来，不过，她扫过的地方仍然一片狼藉。妈妈扫完后，拿着簸箕走过来，直接忽视小慧没有扫干净的地方，指着扫好的垃圾说："你已经扫了这么多了！来，我们把垃圾扫进簸箕里，你是来扫，还是来拿簸箕？"小慧觉得簸箕很新鲜，就放下扫把拿起了簸箕，和妈妈配合收完了垃圾。妈妈说："谢谢你，把咱们家打扫得这么干净！"

斌斌的妈妈没有意识到，这个不经意的拒绝，夺走了斌斌培养责任感和为家庭做贡献的机会。也许十年后妈妈叫斌斌打扫房间时，斌斌会说："我正忙着，没空。"再让他做，斌斌可能会说："我不会打扫。"

在生活中，如果我们看不到让孩子做贡献的机会，担心孩子做不好，替孩子做了，就难以创造孩子社会力成长的空间。

不论孩子在哪个年龄段，父母都要思考下列问题，以培养孩子的社会力意识：

（1）基于年龄和能力，孩子在家庭里有哪些做贡献的机会？

比如2岁的孩子，处处要别人照顾，他能做什么呢？可不要小看孩子，他可以扔自己的尿布，把玩具放进玩具筐里，帮助摆碗筷，等等。

如果从小就给孩子做贡献的机会，他会很乐意做，也会很有成就感。随着孩子的成长，能力的增强，他能够参与家庭活动和做贡献的机会越来越多。比如，选购菜品，为全家做饭，为家庭出游做计划，等等。

（2）有什么事你可以退后一步，请孩子来帮忙？

比如，请孩子拿拖鞋，一起参与周末大扫除，在网上查询信息，等等。父母有意识地邀请孩子帮忙，不仅能为孩子创造做贡献的机会，而且让孩子从帮助父母中感受到"我能行"。当然，最后还要记得感谢孩子的帮助。

（3）有哪些事情是因为怕麻烦或者担心孩子搞砸而没有让孩子参与？你愿意尝试请孩子来做吗？

比如前面提到的斌斌想扫地，妈妈因为怕麻烦而没有给斌斌机会。如果妈妈能在"麻烦"和"培养孩子能力"间认真思考，就很有可能得出不一样的答案。

2. 创造合作与做贡献的机会——家务选择轮

在家庭中，为孩子创造合作与做贡献的最好机会是做家务。家务是家庭成员共同承担的任务，做家务可以培养孩子的动手能力和责任感，是对家庭的贡献。共同完成家务则为家人提供了合作的机会。

父母可以和孩子一起制作"家务选择轮"，以有趣的方式创造合作与做贡献的机会。

小游戏

家务选择轮

① 全家人坐在一起，头脑风暴家里都有哪些家务。比如收拾餐桌、洗碗、倒垃圾等。列举家务的数量尽量和家庭人数一样，这样每个人都可以做出贡献。

② 找两个纸盘，一大一小，根据家庭人数划分纸盘。比如家里有四个人，就把纸盘等分成四份。

③ 将两个纸盘的中心叠放在一起。在小纸盘上，每份写下一项家务。在大纸盘边缘不被小纸盘遮住的地方，每份写下家人的名字。

④ 用一枚大头针穿过两个纸盘的中心，再扎在软木板或者墙上，这样家务选择轮就做成了。

⑤ 旋转小纸盘，分配工作。如果孩子较小，选到了难度较高无法完成的家务，可以和家人共同完成，也可以交换。

⑥ 每周旋转纸盘，重新分配家务，这样每个人都有机会做不同的家务。

与孩子一起制作"家务选择轮"

1. 头脑风暴

2. 根据人数划分圆盘

比如：四人四等份

大纸盘　　　　小纸盘

3. 列出家务和家人名字

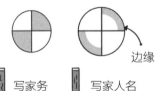

边缘

写家务　　　写家人名

4. 将两个纸盘重叠扎好

5. 旋转，分配家务

6. 每周旋转，重新分配

做家务是家庭成员的责任和义务，是维持家庭正常运转所必需的活动，每一项家务都很重要，每一个家庭成员都需要做出贡献。

3. 支持孩子为家庭做贡献

孩子想要为家庭做贡献是有家庭责任感和团队合作意识的表现，但一些父母因为孩子想要做贡献却搞砸某一件事而斥责孩子，这样会让孩子失望，从而对家庭这个团队丧失责任感。所以，父母应该支持孩子为家庭做贡献并且正确引导孩子如何做好家务。

到了下班的时间，爸爸妈妈还没回到家。小晔想给爸爸妈妈煮饺子，可是他不会开煤气灶，也不知道该放多少水，煮多久。

他努力回忆爸爸妈妈平时做饭的步骤，点燃了煤气灶。但是他放的水不够，煮的时间也太长。结果，捞出来一堆黏黏糊糊的东西，还洒得到处都是。

妈妈回到家，看到厨房一片狼藉，又看到盘子里那些奇形怪状的东西，不由得皱起了眉头。小晔小声说："我原本想给你们煮饺子吃的。"妈妈心里一暖，说，"你还小，想吃饺子，妈妈给你做。"

爸爸正好回来了，看到这一幕，摇摇头："看看你，什么都做不好，这不是添乱嘛！"

小晔感觉糟透了，他决定再也不做饭了。

小晔体会到爸爸妈妈的辛苦，希望为他们做点事情。遗憾的是，他还不会做饭。爸爸妈妈既没有教过他，也没有给过他练习的机会，更没有在他把事情搞砸，最需要支持的时候鼓励他。

因此，并不是仅仅有了培养孩子社会力的意识，把家务分配给孩子就可以了，父母需要更多地支持和帮助孩子。

（1）花时间训练

我们不是天生就会做事情，哪怕是扫地这样一件在我们看来十分简单的事情，对于年幼的孩子来说，一开始也是不容易做好的。

我们就以教孩子扫地为例，讲讲教孩子做事情的四个步骤。

① 给孩子演示

父母一边扫地，一边告诉孩子，怎么拿扫把，怎么一点点扫过地板，遇到障碍怎么办，怎么把垃圾装进簸箕里。

② 手把手教

给孩子一个小扫把，手把手和孩子一起扫，帮助孩子掌握使用技巧。

③ 孩子操作，父母指导

让孩子自己拿着扫把扫，父母在旁边观察。孩子遇到困难的时候，父母给予指导和帮助，比如告诉孩子移开椅子，或者帮助他移开椅子。

注意，指导和帮助不是指手画脚、评头论足，而是告诉孩子具体的步骤，提示技巧。不能说"你又搞砸了""你怎么这么笨"之类的话。

④ 孩子独立完成

回想一下，我们当年学会一项本领，比如骑自行车、做饭，花了多久？现在，孩子需要我们的耐心和教导，学会他一生都受益的各项本领，也许就从扫地开始。

当孩子可以独立扫地时，父母要放手让孩子自己做，并及时给予肯定，感谢他为家庭做出的贡献。

让孩子自己尝试和体验

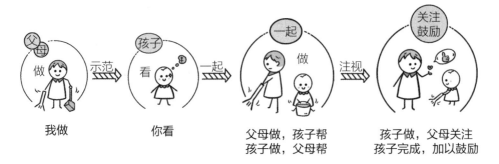

我做　　　　　　你看　　　　　　父母做，孩子帮　　　　孩子做，父母关注
　　　　　　　　　　　　　　　　孩子做，父母帮　　　　孩子完成，加以鼓励

（2）不求完美，在错误中学习

孩子刚开始尝试做家务时，可能做得一团糟，也可能慢慢吞吞，但这都不是父母替他做的理由，更不是父母放弃这个教育机会的借口。

在"自信力"一章中，我们提到一个重要的观点：犯错是被允许的，犯错是学习的好机会。

所以，请接纳孩子为我们烤焦的蛋糕，接纳他为我们做的并不漂亮的生日礼物，接纳他的不完美，接纳他在学习过程中的错误，和他一起从错误中学习。我们不也是这样长大的吗？

（3）赋权与鼓励

给孩子做贡献的机会，往往意味着我们要后退一步，有智慧地示弱。这样，孩子才有空间帮助我们，为家庭做贡献。

而把事情交给孩子，并不意味着我们要完全放手。孩子需要我们的指导、帮助和支持，也需要我们的鼓励，更需要我们看见他的努力和优点。因为我们的最终目标并非只是让孩子学会做家务，而是培养孩子的责任感与合作意识，从而发展他的社会力。

（4）拓展孩子的社会兴趣

随着孩子的成长，他对世界的兴趣逐渐从父母、家人，拓展到同伴、班级、社区，甚至更大的社会群体。他将认识到自己生活在一个相互连接的社会中，每个人不仅仅要关照自己，关照家人，还要把兴趣扩展到更大的范畴，关注他人的福祉。

笑笑搬家了。寒假伊始，笑笑和妈妈制订了"十个面包计划"——烤十个面包送给陌生邻居，结识新朋友。邻居反应各异，有诧异，有惊喜，有欢乐。她们收到了各种回礼，包括刚刚收获的一大包自家种的小青菜。最重要的是，结识新邻居啦！

一开学就上网课。幸亏结识了邻居家小妹妹，笑笑下了课有人一起玩啦。这群小朋友人数越来越多，后来还没等笑笑放学，那些已经放了学的孩子就在楼下大喊：

"笑笑，笑笑！"笑笑一放学就往外跑，一群人要么踢球，打闹，要么骑着自行车呼啸而过，玩得不亦乐乎。

邻居找妈妈帮忙给孩子打印学习资料，于是妈妈包揽下为邻居孩子打印学习资料的任务，邻居爷爷感激不已，时不时送来自家做的各种热乎乎的家乡特色菜，笑笑很喜欢！

从上面的例子中我们可以看到，笑笑和妈妈与邻里之间形成了很好的互动。那么，父母还能为孩子提供什么机会、做些什么来培养孩子的社会力呢？我们在父母课堂上，为大家提供了以下建议：

邀请孩子一起关注家人、朋友、社区积极的方面，美好的事物，他人付出的努力，取得的进步，并且表达出来；

认识邻居，需要的时候提供帮助；

做社区志愿者；

与孩子讨论社会新闻；

去福利院参访，帮助有需要的人；

和孩子讨论有哪些需要帮助的人，想想自己能做什么；

进行全家人参与的活动；

召开家庭会议；

请孩子帮忙辅导其他孩子读书；

和孩子一起检查玩具，邀请孩子将一部分玩具提供给缺少玩具的孩子；

玩合作性游戏而不是竞争性游戏；

对孩子提供的帮助表达感谢；

以身作则，回应别人的需要；

……

当孩子成为一个对他人、对社会有兴趣、有贡献的人，也必然会主动寻求资源，在自己需要帮助的时候获得支持。

乐乐三年级的班主任建议学生们根据所住的小区组成"小蜜蜂小队"，周末的时候组织大家在小区里做清洁，捡垃圾，让社区的环境更美。乐乐很喜欢参与这项活动，他觉得自己很能干。

到了四年级，即便班主任不组织，乐乐和几个同学还是很喜欢自己的"小蜜蜂小队"，自发地相约在周末行动。乐乐妈妈也非常支持，她并不认为这是浪费时间，或者是作秀，孩子们在一起玩，一起工作，建立了友谊，收获了成就感。

乐乐妈妈和几位妈妈为了保证孩子们的安全，为他们买了统一的带反光的绿色安全背心，还在上面印制了"小蜜蜂"三个字。以后小区整洁了，不需要孩子们捡垃圾时，她会鼓励他们找到其他做贡献的机会。

小游戏

角色扮演

游戏意义：帮助孩子了解，在自己需要帮助的时候，如何获得资源。

游戏内容：

• 小明是个小学生。寒假作业里有一项任务，查询食物为什么腐烂，如何防止食物腐烂，如果你是小明，如何寻求资源以完成任务？

• 小明想读更多的书，如果你是小明，去哪里找到更多的书来读？

• 小明有个电话手表，但是忘记充电了。家里也没有固定电话和手机。有一天，他和奶奶在家，发现家里停电了。如果你是小明，如何寻求帮助？

• 小明和奶奶在家，奶奶突然晕倒了。如果你是小明，该怎么办？

解决人际关系中的冲突

随着孩子一天天长大，他将走入一个更广阔的环境，进行更广泛的人际交往，他的社会关系将从家庭扩展到朋友、同学、老师，以及各类不同的人。他将运用在家庭中学到的社会力技能，去应对更广泛的人际关系。

然而，当新的人际关系出现挑战时，孩子很可能因缺乏经验而不知道如何解决。此时，父母应该怎样帮助孩子呢？

1. 培养孩子应对困难的勇气

假如，平时出去玩的时候，看到孩子想要加入其他孩子的游戏，但是不敢表达，我们可以这样问：

"你想和他们一起玩吗？"

"如果你想加入，可以说'我能加入你们吗'。"

当孩子还没有经验的时候，不必强求孩子去问。我们可以帮助孩子询问，给孩子演示如何做。

"我看到你不好意思问，可是又想玩，你想让妈妈帮忙吗？"

孩子看到我们这样做了，就会明白："原来我可以这样问呀，原来他们没有那么可怕。"等到下次再遇到类似问题的时候，继续鼓励孩子自己询问。要给他观察的时间，也许他在寻找合适的机会。如果他做到了，我们要庆祝他的成功。

"瞧，你做到了！"

孩子即便鲁莽加入也可能从其他孩子的反应中意识到，"我这样做不妥"。如果没有意识到，我们可以在家和孩子玩角色扮演游戏，让孩子切身体验到怎么做才合适。

除此之外，帮助孩子融入同伴的方法还有：

- 同意游戏规则，然后提出想法或建议。
- 进行折中处理，退一步而不是争斗。
- 玩耍的时候记得跟其他孩子保持交流。
- 留意观察其他孩子怎么做。
- 别人表现好时要赞美。
- 保持微笑，提供帮助、支持和鼓励。

我们来看这样一个场景：一个 3 岁的小女孩与小朋友们一起玩时，玩具被抢走了，和她一起玩的小朋友也被拉走了。这时，小女孩很委屈，哭着来找妈妈，在这个场景中，我们想到两个问题：

- 妈妈如何安抚、帮助女儿？
- 妈妈如何教女儿和小朋友和平地玩耍？

如何解决呢？

妈妈首先要接纳孩子的情绪，与孩子共情，抱抱孩子。或者转移她的注意力，先帮助孩子平静下来。

等孩子平静后，和孩子聊聊：发生了什么？怎么解决？（参见 CLEAR 模型中的"提问"部分内容）

3 岁的孩子也许说不出太多，但是这些问题就像一粒种子，让孩子的思维能力萌芽。我们可以问孩子："你们都想玩那个玩具，怎样做才能让大家都玩得开心呢？"

如果孩子说出暴力的办法，可以请孩子想想后果："如果去抢，小朋友开心吗？他可能就不想和你玩了。"

如果孩子答不出，我们可以给出以下几个办法：

- 你可以用其他玩具交换。
- 你可以和小朋友商量，轮流玩。
- 你可以把玩具给小朋友，你拿着另一个和他一起玩。

关于分享，父母经常犯的一个错误是，认为分享这种美德要从小培养，所以强迫孩子分享。然而事实是，3岁以下的孩子，物权观念还不完善，无法完全理解我的、你的、她的，分享反而会给孩子带来困扰，越强迫分享越不愿意分享。此时，父母可以把"分享"改为"一起玩"，从而避免这个困扰。

2. 寻找解决问题的思路

随着能力的增长，孩子会学到越来越多的办法应对人际关系中的挑战。孩子良好的自我认知，充足的自信，是建立友谊、解决冲突的基础。

读小学四年级的君君头一次被叫家长，原因是他将前桌女同学的头发给剪了。

君君爸爸从老师口中得知了事情的经过，原来两个孩子因为座位的空间大小而起了争执。前桌的女孩说君君故意把桌子朝前挪，挤到她了。君君说他没有，于是吵了起来。上课时，女孩故意把长发放在君君课桌上甩来甩去。

君君警告她："你把头发收回去，不然我给你剪了。"女孩不收，君君就扯了女孩的长发，女孩大哭，惊动了老师。老师把君君批评了一顿，罚他站了一节课。第二天上学的时候，君君偷偷在书包里藏了把剪刀。当女孩又把头发放在他的课桌上时，他掏出剪刀，咔嚓咔嚓把女孩的头发剪得乱七八糟。

冲突发生后，孩子可以有不同的方法来解决问题。比如与同学沟通，或者寻求好朋友的帮助，也可以问问父母怎么办。然而君君却选择极端的做法，剪了同学的头发。显然，他并没有考虑这样做的严重后果。那么，君君爸爸应该如何引导君君正确地解决这件事情呢？

从学校回到家里，爸爸使用 CLEAR 模型，心平气和地坐下来和君君交谈：

"君君，今天老师请爸爸到学校，因为你剪了女同学的头发。你愿意和爸爸说说发生了什么吗？"

"她太可恶了，把头发扫来扫去，我就剪了。"

"你当时是什么感受？"

"我都要气炸了。"

"她的头发被剪了，感觉怎么样？"

"嗯……"

"她很难过。你准备怎么解决这个问题？"

"我可以向她道歉。"

"你准备怎么道歉？"

"我写封道歉信给她。但是是她先欺负我的！"

"发生了什么？"

"她说我挪课桌挤她了，但是我没有。然后她就甩头发。我很生气，揪了她的头发。然后老师就批评我，不说她。"

"所以你才带了剪刀？"

"谁让她欺负我！"

"剪同学头发有什么后果？"

"我很解气啊。"

"还有呢？"

"嗯……不太好。你没准儿会揍我。"

"还有什么更好的办法嘛？"

"不知道，我当时气得不行。"

"也就是说你要先冷静一下。你准备怎样冷静？"

"深呼吸。"

"还有什么办法？"

"不理她。我俩就吵不起来了。"

"如果你自己解决不了，可以找谁帮忙呢？"

"我还可以去找老师。"

"下次再遇到这样的事情，你可以尝试下这些办法……"

通过交谈，爸爸一步步启发孩子，帮助孩子建立情绪管理、探索后果、解决问题等能力，以有效应对人际关系的冲突。

3.学会面对求助与求助他人

近些年来，一些校园霸凌事件走进我们的视野。"如果我的孩子遭遇校园霸凌，他有没有能力解决？他可以向谁求助？谁又能帮得了他？"霸凌通常是一个长期现象，而涉及的问题非常复杂，在这里，我们将回归日常的同伴冲突，探讨如何寻求他人帮助。

遇到冲突，孩子通常尝试自己解决问题，不一定会主动寻求外部资源。社会力的一个重要内容是引导孩子了解身边的社会资源。父母在和孩子的日常交流中可以探讨以下几个问题：

• 当你遇到困难时，谁是你信任的成人？你可以寻求他的帮助吗？

这个人可以是父母、老师、家族里的其他长辈，也可以是孩子生活中任何可信赖的人。

• 如果这个人帮不了你，你还可以找谁？

• 有哪些社会资源，你可以寻求帮助？

比如，警察、社会组织。请把这些资源写下来。

这些讨论有助于让孩子知道，他并不孤单，遇到问题时他有可以倾诉的人，有人愿意帮助他，从而避免冲突恶化。

人人有不同，都要被尊重

在第三章第三节中，我们提到了同理心，并且详细介绍了什么是情感同理心。感受他人的情感，人同此心，心同此理，即情感同理心，而站在别人的视角来看世界，换位思考的能力，也就是认知同理心。

瑞士儿童心理学家皮亚杰曾做过一个著名的三山实验，表明孩子大概到 2 岁左右才能够想象他人的视角，产生认知同理心。

在实验中，研究者在不同年龄的孩子面前展现山的模型，请孩子站在模型中的小人儿的角度，描述小人儿看到的山的形状。有趣的是，4 岁以下的孩子大多站在自己的视角描述，4 岁以上的孩子才能够站在模型中的小人儿的角度进行描述。显然，这一能力的发展是在马勒所说的个体化分离期（6~24 个月）之后，这个阶段后孩子才分清自己与他人，才有能力进入他人的视角。

虽然这一能力在我们幼儿时期已经具备，但这并不意味着我们成人已经具有足够的认知同理心，总能够换位思考。偏见、标签、权威、距离等经常妨碍着我们的同理心。

当他人与我们一样的时候，我们比较容易去同理他人。但当他人与我们不一样时，感受他人的感受、理解他人的想法会更有挑战性。如果你是一位全职妈妈，你可能比较容易理解另一位全职妈妈带孩子的种种困难，产生同理心。反之，如果你还没有孩子，或者你是一位忙于事业的爸爸，甚至即便你是一位职场妈妈，你也可能难以对一位全职妈妈的抱怨产生共鸣，甚至还可能会嗤之以鼻："你天天都不用上班，多自在，无病呻吟吧？"

因此，对于成人来说，跳出刻板模式，克服偏见、标签、距离等障碍，发展我们的同理心，是一门功课。当我们能够站在对方的角度去感受、去思考的时候，我们就能够互相理解，互相尊重，更多地接纳与包容对方，从而找到合作共赢的办法。

史蒂芬·柯维在他的《第3选择》一书中提出合作共赢的四个步骤：我看到自己，我看到你，我找到你，我和你协同。

学习合作共赢四步骤

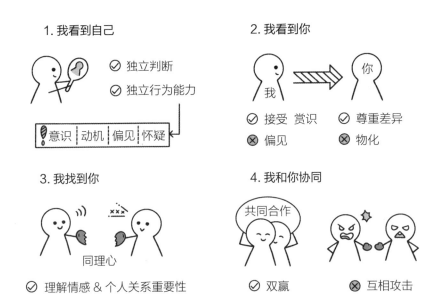

这些步骤要在同理心基础上才能够得以实现。他在书中分享了这样一个例子：

一位身为小提琴家的母亲听说女儿班上的音乐课被取消了，很气愤。她准备了一大套说辞，希望说服老师和校长，但是经过深思熟虑后，她决定先去找老师了解情况。令她惊讶的是，老师也很无奈，因为政府下令要加强基础学科的学习，她瞬间理解了老师的困境，同理心让她和老师站在一起。"肯定有办法让孩子同时学习音乐课和基础课。"抱着这样的信念，她们找到了第三个选择：这位妈妈抽时间到女儿班上，和老师一起用音乐教授孩子数学、诗歌、历史和外语。

在这个案例中，认知同理心帮助他们看见彼此，解决冲突。

那么，如何在孩子心中种下同理心的种子，避免让其面对成人经常面对的偏见、标签等问题呢?

1. 欣赏多样性，尊重他人

在生活中，帮助孩子了解：人和人有相同的地方，同时也有很多不同的地方，比如，文化不同、境遇不同、肤色不同、职业不同，喜好不同等。孩子能够欣赏多样性，才更容易接受他人与自己有不同的观点和感受，更容易站在他人的角度去感受他人的心情，理解与认同他人的观点。

- 利用每天的日常活动来谈论相同和不同。例如：做一盘水果沙拉，说说各种水果不同的颜色、味道、口感，让孩子想想自己喜欢什么，家人喜欢什么，明白自己喜欢的不一定是别人喜欢的。

- 和孩子一起从杂志中或者网络上找一些人物图片，探讨他们的不同——高矮、肤色、发色、年龄、职业等。让孩子看着图片中的人，想象如果站在他的角度，有什么感受、想法、决定。

- 查阅不同民族风俗习惯的书籍、资料、视频等，和孩子讨论这些内容，引导孩子将其中一些风俗和我们自己的风俗进行比较，看看有什么相同和不同之处。

- 在家庭活动中，每个家人分享自己的喜好，和孩子一起总结出大家相同的喜好和不同的喜好。

- 带孩子访问养老院、儿童康复中心等，让其接触不同的人群，倾听他们的故事，感知他们的喜怒哀乐。

当孩子发现人与人之间的不同时，我们可以和孩子一起念出这句"魔法语"——"人人有不同，都要被尊重"，提醒我们尊重他人，尊重自己。

爸爸在试新衣，笑笑说："我觉得不好看。"爸爸让她说"好看"，笑笑义正言辞地说："如果我说好看，但是我心里觉得不好看，那我说出的就是你的想法了，我就变成你了，但是我不是你啊。"

妈妈说："是的，你不是爸爸，你有自己的观点。那爸爸自己觉得好看，可不可以呢？"

笑笑爽快地说："那当然可以，但是他不能让我也说好看。我不是他，他也不是我。人人有不同，都要被尊重。"

2. 接纳不同

当他人与我们不同的时候，特别是当他人被视作异类的时候，我们该如何对待他们？如果我们自己是人群中的异类呢？下面，我们通过一位一年级的班主任所遭遇的难题来探索这个问题的解决方式。

小小已经上小学了，但是他发育迟缓，个子矮小，还爱流口水。他上课时会突然站起来走动，小组学习的时候他不仅完全不参与，还把止不住的口水滴在小组作品上。班级的孩子都不愿意和他一起玩耍或者组队学习。更严重的是，班级里部分孩子的父母也向老师抱怨，认为小小拖了全班的后腿。

班级是一个学习共同体，每个人都是独一无二的，每个人都可以做贡献。孩子需要通过班级生活学会尊重差异，同理他人，帮助他人，与他人合作。如果小小能得到来自全班同学的接纳和帮助，而不仅仅是老师的帮助，那他有没有可能更好更快地成长？

得知小小在班级里面对的情况，班主任决定通过开班会解决问题。班会上，班主任详细地介绍了发育迟缓是什么意思，小小的世界是怎样的，他需要什么帮助，孩子们听得非常认真。

最后，老师告诉大家："我们班就是个大家庭，一个人遇到困难，大家都要帮忙。我们一起想想如何帮助小小，让他也能和我们一起学习。"

随着老师抛出问题，孩子们也积极地想出了很多办法。其中一个孩子就提到"轮流做他的影子朋友"这样一个方法：每天，由一个孩子当小小的影子，与小小在一起感受他的感受，同时在他身边提供帮助。

班主任选择了这个方法并且予以实施，通过孩子们一个学期的努力，大家都以能够做小小的影子朋友、帮助他而高兴和自豪。

一年级下学期的一天，小小居然第一次主动举手回答问题了。看到自己的帮助有成效，孩子们更加积极地帮助他人，踊跃地为班级做贡献。

美国儿童精神科医生布鲁斯·D·佩里曾经在他的一本书《登天之梯：一个儿童精神科医师的诊疗笔记》里讲述了一个与上面案例类似的故事，他总结说："孩子，就和我们成年人一样，会以恶劣的方式对待未知的、奇怪的、不熟悉的事物。……大多数欺负别人和社交排斥的情形还是始于对不熟悉事物的恐惧，成年人在这方面对孩子的影响远远超过人们的想象。当孩子明白为何某人表现怪异的时候，通常情况下他就不会给这个人太多压力。越是年纪小的孩子，就越容易受到成年人的影响，不论成年人给孩子的这种排斥或接受的信号是明显还是微妙。这些信号通常为孩子的身份系统确定了基调，在孩子将'不一样'的异类当成替罪羊时，老师和父母是强烈劝阻还是容忍会决定欺凌会被减弱还是被不幸地强化。"

当孩子因为一个人与大家"不一样"而感到害怕或心生排斥的时候，恰好是大人应该站出来，教孩子如何去理解和接纳那个"不一样"的人的时候。我觉得，这是所有教育者（包括父母）应该知道的事。

第七章 沟通力——求同也能存异

　　沟通是与他人互动、传递信息的一种方式。人与人之间有不同的想法、感受需要传递，有不同的信息可以交流。当双方之间存在"沟"，阻碍彼此了解时，就需要"通"—"通"才能建立进一步的关系。孩子的沟通能力也与父母的说话方式有关。研究发现，父母提供的语言环境、沟通方式直接影响孩子未来的沟通能力和沟通模式，所以在教孩子沟通的时候，要充分发挥父母榜样的力量。

　　这一章，我们将详细探讨如何帮助孩子调整好心态，通过表情、语气、肢体语言等营造一个良好的沟通环境；教会孩子在倾听时听懂关键词和对方的情绪；在表达时清晰地表达自己的感受与需要，勇敢拒绝自己不喜欢的事物。

营造良好的沟通环境

　　良好的沟通能力会帮助我们与人协商合作，建立健康的人际关系，解决人际冲突等。沟通不止存在于文字和语言上，沟通时的心态和外在表现都影响着沟通的效果。营造利于沟通的内在和外在环境，是建立良好沟通的基础。

1.沟通时的心态

在人与人沟通的过程中，会无形地透露出沟通双方的关系。

水平关系的沟通是平等且有建设性的，双方可以就一个话题创造出不同的想法，发掘出更多的可能性；阶梯关系的沟通是单向且固化的，一方高高在上地压制另一方，另一方能做的只有服从或反抗；存在博弈关系的双方，一直在较量，谁赢谁获得话语权。

要想营造出良好的沟通氛围，就一定要使沟通双方地位平等。无论我们沟通的对象是成人还是孩子，大家的人格和尊严都是平等的，需要相互尊重。不能因对方的年龄、职业、地域、专长而区别对待。大家可以在一起平等地对话，尊重彼此，捍卫对方说话的权利。

具体来说，尊重表现在对对方说的内容不评判、不指责、不否定，尊重事实，摒弃偏见。

小贝正在和妈妈商量周末去哪里玩。

小贝提议："我们去迪士尼吧！那里可好玩了，小朋友们都去过了，我也想去。"

妈妈似乎不感兴趣："迪士尼那么远，路费贵，门票也贵。到那里我们还要住酒店，你又要买玩具，太花钱了。"

在这段对话中，小贝妈妈一直用评判、指责、否定的方式回应小贝，即使妈妈说的这些理由是有道理的，在小贝看来都是托词，妈妈并没有真正了解自己的意图，没有理解自己。同时，小贝也没有真正理解妈妈面对的困难。

沟通是联结双方情感的一种方式。评判、指责和否定只会让沟通双方疏远和终止沟通。表达共情和理解，会让双方感受到彼此心意相通，认为自己被理解，有人和自己站在一起。

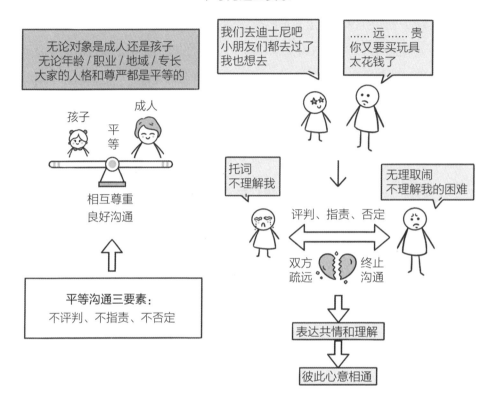

平等沟通三要素

　　不评判、不指责、不否定的沟通会拉近双方的距离，使后面的沟通更顺畅，也会对问题的解决有所帮助。沟通双方内心渴望联结，还是有意疏远对方，会通过其语言和行为表现出来，各自的心境会在沟通中展露无遗。

2.沟通时的外在表现

　　沟通时真正重要的不是你说了什么，而是你怎么说。同样的内容，用不同的方式表达，对方接收到的信息完全不一样。心理学家艾伯特·麦拉宾提出的麦拉宾法则指出，沟通中对方收到的信息 7% 来自于语言表达的内容，38% 来自于声音、语气、语调，55% 来自于姿态、表情、动作等肢体语言。

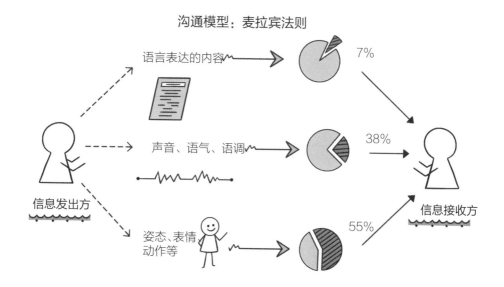

沟通模型：麦拉宾法则

所以，主要影响沟通效果的不是所说的内容本身，而是如何说。因此，在沟通时，父母需要特别注意正确示范和教授孩子如何表达。

（1）声音

在不同场合用多大的声音说话，是孩子首先需要学会的沟通技能。孩子并不理解多大的音量算大声，多大的音量算小声，所以他们对于父母要求的"大点声""小点声"是没有概念的。我们需要给孩子一个清晰的可量化的标准，让他了解不同音量的区别，以及在什么场合该用多大的音量。

如同用温度计测温一样，声音也可以用一个标尺测量，我们把这个标尺叫做音量尺。音量尺上标有0~3度音量。

0度音量表示安静，是闭上嘴巴不发出声音，或者自己在心里默念时的音量。比如，在听别人说话时或者在图书馆看书时，就需要使用0度音量。

1度音量代表悄悄说，是和别人说悄悄话时，让对方听得见自己话语的音量，或者是自言自语时自己能听见、别人听不见的音量。比如，在公共场所和人聊天或在教室里和同桌说话时，就需要使用1度音量。

小工具：不同场合的音量尺

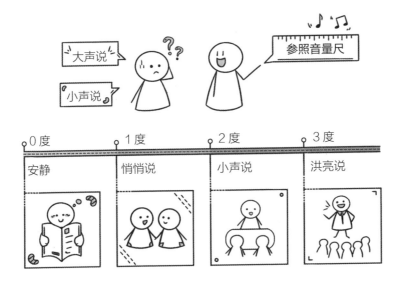

2度音量代表小声说，是和家人平常说话的音量，或者是在小组内说话时能够彼此听得见的音量。比如，和爸爸妈妈在一起边吃饭边聊天时，或者在教室里和小组内同学一起讨论问题时，就需要使用2度音量。

3度音量代表洪亮说，是朗读、发言或者表演节目时让大家都能听见的音量。比如，在家庭里表演节目时，或者在班级里回答问题时，就需要使用3度音量。

我们可以和孩子一起制作一个音量尺，请孩子展示每一度音量代表的声音有多大。也可以让孩子把音量尺记在心里，当去一个场合时，可以提醒孩子，或者提前问问孩子在那里应该使用几度声音。当孩子准确做到的时候，及时鼓励孩子："谢谢你用3度声音讲解，我们都听得很清楚。"

（2）语气、语调

语气能传递出情绪，也可以体现出双方是否相互尊重。心平气和地沟通时，语气是平缓的；紧张或急躁的时候沟通，语气是急促的；如果语气坚定沉稳，会给人一种自信的感觉；如果语气是跳跃的或者有气无力的，给人的感觉是不可靠、不自信的。

在和孩子沟通的时候，父母的语气应该是亲切真诚的，就像和朋友在聊天一样。不用过分地装可爱，也不要把自己武装得很威严，正常地沟通，让孩子感受到平等的交流方式。未来孩子在和其他人沟通的时候，会模仿父母的语气，不放低自己的姿态迎合对方，也不会盛气凌人，颐指气使。

（3）肢体语言

① 关注的眼神

在与他人对话的过程中，关注的眼神表达的是对对方的重视。飘忽不定的眼神，给人躲闪的感觉，无法显示出真诚。倾听的时候，给予说话的人关注的眼神，会鼓励他继续表达。说话的时候，看着倾听的人，让他知道自己是专门说给他听的，体现了对对方的重视，也让自己的话更有感染力。

和孩子对话时，让自己的眼神和孩子的眼神处于同一水平线上。可以蹲下来，或者和孩子坐在一起；也可以抱起孩子，让他坐在自己腿上。保持眼神的接触，彼此时刻关注着对方的状态，会让沟通效果更好。

② 生动的表情

生动的表情能感染到对方，传达那些只可意会不可言传的信息。倾听的人能从对方表情中看出他的情绪是无精打采的，还是积极热情的。说话的人也能从对方表情中察觉到他的状态是理解，还是疑惑。沟通双方可以随着对方的状态来调整自己的状态，看是要努力调动起对方的热情继续沟通，还是应该结束对话。

孩子说话时通常带着丰富的表情，他们也喜欢观察说话时表情丰富的成人，因为他们的文字理解能力有限，需要通过表情来理解话语的意思。孩子看到成人严肃地说"出门要戴口罩"，他们能感受到这是一件要紧的事；孩子看到成人耷拉着脸，含着眼泪沉重地说"小狗死了"，即使他们还不知道死的含义是什么，他们也能感受到这是一件不好的事情。当孩子还不能清晰、完整地表达自己的意思时，我们也能从孩子的表情中读懂他们要表达的信息。

③ 友善的姿势

沟通时的姿势会透露双方的沟通意愿。面对面沟通时，双手抱臂于胸前是并未敞开心扉，要和对方保持距离；在听别人说话时左顾右盼，是对沟通内容不感兴趣，要结束对话的意思。友善的姿态是身体前倾，眼睛注视着对方，这代表对对方的话感兴趣；也可以是两个人并肩而坐，促膝谈心。和孩子沟通时，我们会时不时和孩子有肢体接触，比如，拍肩、摸头，甚至相拥。无论是站着还是坐着，友善的姿势预示着，我们的沟通不仅仅是信息的交流，更是在交心。

3. 为孩子营造沟通的氛围

从出生起，孩子就开始了沟通。哭是他们沟通的第一种方式，接着开始发音、说话。当他们遇到表达困难时，很容易回到最原始的表达方式——哭，这时候如果父母不理解孩子，发火指责他们，孩子能从中学到有效沟通的本领吗？一定学不到。培养孩子的沟通能力，需要孩子不断尝试和练习，怎样营造有利于孩子沟通的氛围呢？

（1）好奇

我们带着好奇心与孩子沟通，能鼓励孩子表达，激励孩子继续探索。

带着好奇心和孩子对话，不用告知而用提问的方式。带着好奇心提问可以用"什么""怎么""如何"等词来组织问题；问问孩子看到了什么、听到了什么，他感知到的世界是什么样的；问问孩子的感受、想法，怎么看待自己和这个世界。

• 发生了什么事？

• 对刚才发生的事情，你有什么感想？

• 你有什么好办法？

• 你怎么说我才能听得清楚？

• 你是怎么做到的？

• 你打算如何收拾玩具？

如果他也对你的世界好奇，可以和他分享你的故事。好奇可以激发出无穷无尽的话题，让我们都有机会发现更多未知的世界，学习更多新的知识。使我们和孩子相互理解，关系更亲近。

（2）鼓励

积极的沟通能帮助我们互通信息、相互了解，也能让我们相互鼓励，获得能量和勇气。

妈妈最近工作压力大，比较烦躁，因为一些小事对月月发了脾气。事后妈妈意识到这样不好，自己一个人窝在沙发里反省。这时月月扑过来，搂着妈妈说："妈妈，说出我的 10 个优点。"在这种状态下，妈妈怎么想得出来呢？于是她随口说："黑！瘦！……"月月很不满意，表示："这不算！"妈妈绞尽脑汁想，月月就在旁边掰着手指数妈妈说的 10 个她认可的优点。等说到第 10 个优点的时候，妈妈感觉到面前这个小孩如此可爱和善解人意，她内心充满了感恩，而月月也很幸福地把妈妈搂着更紧了。

鼓励性的沟通，传递的是爱和信任。鼓励别人的时候，也鼓励了自己。

（3）致谢

在生活中，我们很少对家人说感谢的话，似乎对亲密的家人无须特别致谢。久而久之，认为家人对自己的照顾和帮助是理所当然。我们教孩子，得到别人的帮助时需要说感谢的话，其实和家人也应该如此。当我们带着感恩的眼睛观察家人，一定能发现值得感谢的地方。致谢家人，是教孩子学会感谢的开始。

- 谢谢你现在愿意跟妈妈聊一聊。
- 谢谢你告诉我你的心里话。
- 谢谢你遵守我们的约定。
- 谢谢你帮我把房间收拾干净。
- 谢谢你相信我，愿意把你的委屈告诉我。

致谢拉近了我们的距离，致谢让沟通带着温度，致谢传递鼓励，也让孩子学会感恩。在孩子面前示范致谢，想一想可以感谢家人什么，感谢孩子什么，然后去表达吧。

培养听的能力

谈起沟通，大部分人首先想到的是"说"。"我跟他说了很多遍，可他就是不改。""我好说歹说，跟他分析利弊，他根本油盐不进。"沟通时，如果我们的关注点是自己要说什么，恐怕有很大概率要对结果失望，因为在沟通中，"听"才是第一位的。

1. 听为什么比说重要？

沟通的目的是和对方交流信息，建立关系，解决问题。听是达成这些目标的第一步。

倾听是一种了解对方的方式。

每个人都处在自己的世界里，用自己的角度看待周围发生的事情。听可以帮助我们换位思考，体会别人的感受，用别人的方式来解读这个世界。

倾听可以帮助我们获得更多信息。

"知己知彼，百战不殆。"沟通也是如此。如果不从倾听入手，我们就不知道对方的意图，只有去倾听才能掌握尽可能多的信息，进行更好的沟通，以及处理之后的问题。

倾听让我们与对方产生共鸣。

每个人都有倾诉的愿望，如果父母在孩子倾诉的时候安静地倾听，便可以让孩子内心的情绪得到释放。如果父母能找到和孩子产生共鸣的地方，比如，体验过的同一种感受，陷入过的同样的困境，经历过的类似的事情，就能给予孩子极大的安慰。被倾听的孩子会更愿意去倾听父母的话，他沟通的欲望更容易被点燃。

2. 听什么？

倾听最简单、最直接的收获是了解对方讲话的内容，但是听到话语不等于听懂了对方意思，对于孩子来说特别是如此，所以，听的时候要注意听懂"内容"。

在第五章中曾提到，倾听有四要素：眼睛看、耳朵听、嘴巴闭、心思考。前三个很好理解，最后一个要素"心思考"的意思是，倾听要用心听出关键词。听到的关键词越多，越容易理解听到的内容。父母可以和孩子做倾听关键词的练习，父母说一些句子，请孩子数一数他听到了多少关键词。比如：

- 小家的新书在书橱上。
- 小家的新书在客厅的书橱上。
- 爸爸把给小家买的新书放在客厅的书橱上。
- 爸爸把给小家买的新书放在客厅书橱的第二层架子上。
- 爸爸把给小家买的新书放在客厅书橱从下往上数的第二层架子上。

如果关键词很多，哪些关键词是重要的呢？这时，我们可以注意说话人的语气。通常，重音落在哪里，哪里就是重要的。在识别关键词的基础上，体会语气的差别，这能帮助我们找到话语的重点。同时，在练习中，孩子也会发现，表达时使用准确的关键词会帮助对方理解自己的意思。

"心思考"也包括用心听出对方的感受。了解对方的感受能帮助我们更好地理解对方，共情对方。我们的感知器官是很灵敏的，在进入一个场合时，所有的感知器官会像雷达一样去探测：周围的氛围是轻松的，还是压抑的；是兴奋的，还是悲痛的。然后它们会"告诉"我们，在这个场合可以说什么、做什么。

4岁的西西在拼拼图。拼图有些难，西西找了很久也没有找到匹配的那一块，于是她开始不耐烦了，嘴巴里哼哼唧唧，手的动作幅度越来越大，把桌上其他拼图都甩到了地上，她冲着妈妈喊："我不拼了！"

在这种情况下，妈妈们一般会有哪些回应呢？

- 1号妈妈回应："不拼就不拼，你干嘛扔东西！把地上的东西捡起来。"
- 2号妈妈回应："遇到一点儿困难就不干了，不就是拼图吗？有什么难的，我帮你拼。"
- 3号妈妈回应："看起来这个拼图有些难，你拼不出来，所以很沮丧。"

1号妈妈和2号妈妈都听到了西西说的内容。2号妈妈和3号妈妈都听到了西西的感受，但2号妈妈否定了西西的感受，3号妈妈则说出了西西的感受。

如果你是西西，你更喜欢哪位妈妈的回应？

无疑是3号妈妈。3号妈妈说出了西西的感受，理解西西的处境，没有指责，也没有干预。有一个成语叫"通情达理"，情感上联结通畅了，才能讲后面的道理。当西西感受到被理解、被接纳，她才能客观地审视自己的行为，去解决问题。

最后，"心思考"还包括用心听出说话人背后的需求。个体心理学认为，情绪是有目的的，它被调动起来去激发行动，以达到自己的意图。我们可以通过换位思考来发现对方真正的意图和需求。以下是换位思考的四个步骤：

- 看一看，观察对方的表情、动作。
- 换一换，假装穿上对方的"鞋"，处在和对方相同的处境里。
- 想一想，"现在我有什么想法和感受"。
- 问一问，核实对方的想法和感受，找到他的需求。

当我们学会了换位思考，就可能成为一个更好的倾听者。

3. 怎么听?

繁体字的听，左边是耳和王，右边是十目一心，强调的是"耳听为王"和"一心一意地关注对方"，这个"聽"更能体现听的意思。我们教孩子如何倾听时，还会提到一个"聪"字，正所谓"耳聪目明"才是聪明。

从"听"字发现倾听四要素

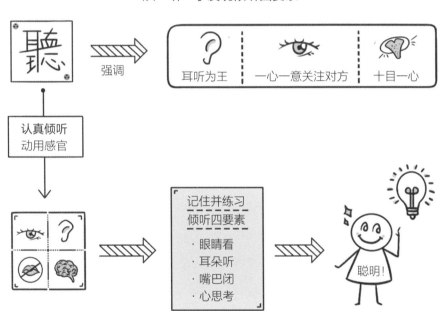

认真倾听会同时使用到眼睛、耳朵和大脑，如果孩子在倾听时注重练习倾听四要素，就会不断地去锻炼眼睛、耳朵和大脑，那当然会越来越聪明啦!

父母在教孩子倾听四要素时，自己以身作则很重要。对父母来说，倾听四要素中比较难做到的一个要素是"嘴巴闭"。

父母总想教孩子，总想帮孩子，总是有很多经验想分享给孩子，还没有等孩子表达清楚，父母就自以为听懂了他的意思，开始说教起来。

妈妈为小强讲完睡前故事，正要关灯，小强突然一本正经地问妈妈："妈妈，我是从哪儿来的？"

刚好妈妈最近在学习如何给孩子讲生命起源，于是她赶紧抓住机会给小强普及。

正当妈妈滔滔不绝的时候，小强打断了她："不是的，妈妈，西西说她是从合肥来的，我想知道我是从哪里来的。"

不要急着说，先听明白孩子的意图。听的英文是 Listen，把这些字母重新调整位置，就变成了 Silent（安静）。闭上嘴巴，就竖起了耳朵，打开了心。

美国艺术家安迪·沃霍尔曾经告诉他的朋友："我自从学会闭上嘴巴后，获得了更多的威望和影响力。"

会倾听的父母，也会获得孩子的倾听。孩子还会从父母身上学到如何倾听：闭上嘴巴，打开心。

下面我们来学习几种有效的倾听方式。

（1）反射式倾听——重复关键词

倾听者可以重复听到的话，就像使这些话反射回去一样。重复的话可以和听到的话完全一样，也可以换一些词汇来表达听到的意思。反射式倾听可以让孩子感受到自己被倾听，并且可以帮助他把事情想清楚。重复这些话并不代表父母同意孩子所说的，而是传递出"父母理解孩子"的信息。

吃过晚饭，丽丽挪到妈妈身边说："妈妈，我想吃一颗糖。"

妈妈说："哦，你想吃糖。"

丽丽央求道："小熊糖太好吃了，我就再吃一颗，行不行呀？"

妈妈瞥了一眼糖罐，说："哦，你想再吃一颗小熊糖。"

有效倾听的三种方式

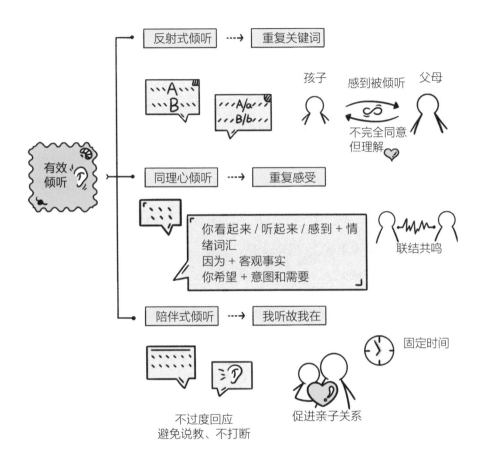

对于吃糖，丽丽和妈妈有一个约定：每天最多可以吃三颗糖。每天糖罐里都有三颗糖，今天的三颗糖在丽丽放学回家后，就被一扫而空了。

丽丽小声问道："我明天少吃一颗，今天是不是可以多吃一颗？"

妈妈看着丽丽，问："我们关于吃糖的约定是什么？"

丽丽咽了咽口水，说："每天最多吃三颗糖。"

妈妈笑着对丽丽说："谢谢你遵守我们的约定。"

妈妈复述丽丽的想法"再吃一颗糖",并不代表妈妈同意她违反约定。妈妈通过反射式倾听和提醒丽丽"吃糖的约定",让丽丽回顾约定,最终丽丽自己说服了自己,控制住了再吃糖的欲望。妈妈最后的感谢非常及时,恰好地肯定了丽丽为遵守约定做出的努力。

(2)同理心倾听——重复感受

倾听者可以通过反馈倾诉者的感受和倾诉者共情。当我们说出对方的感受时,就是在联结倾诉者,和倾诉者共鸣。

我们可以用这样的句式来表达出对方的感受:"你看起来/你听起来/你感到"+情绪词汇。

孩子:阿姨说她要来的,但是她没来。

妈妈:你看起来很失望。

孩子:老师今天在全班小朋友面前表扬了我,他说我画的小鸟特别得好看。

妈妈:你一定感到很开心,很骄傲。

孩子:别烦我。

妈妈:你听起来很生气。

除了表达出感受,倾听者还可以描述一下客观事实,以及核实对方的需要。可以这么说:"你看起来/你听起来/你感到"+情绪词汇,"因为"+客观事实,"你希望"+意图和需要。

孩子:啊,下雨了!我们去不成公园了。

妈妈:听起来你很失望,因为下雨不能去公园玩,但是你真的很希望去公园。

孩子:我要打他!他把我的城堡弄坏了!

妈妈:你很生气是因为他弄坏了你的城堡,你多希望你的城堡还完好如初。

孩子：我们明天要去爬山！

妈妈：你看起来很兴奋，因为明天去爬山，你期待明天快点来。

感受发乎于心，全身心地倾听就能感应到对方的感受，这份感受无关对错，只是对方当下最真实的展现。父母有时会发现，当自己试着去认同孩子的感受时，孩子哭得更厉害了，比如，一位妈妈说，当她对孩子说："你没有得到想要的玩具，有点难过。"孩子立刻哇哇大哭，感觉特别委屈。妈妈担心是自己的话加重了孩子对这种感受的体验，纠结以后到底要不要这么说。事实上，孩子的反应代表的是"我被看见了，我被理解了"，哭是一种释怀和感动。她感受到了和妈妈之间心与心的联结，妈妈其实是在说："我懂你，我爱你。"当情绪随着倾听被释放出来，爱意便开始流动起来。

（3）陪伴式倾听——我听故我在

陪伴式倾听是父母安稳、安心、安静地待在孩子身边，不刻意制造话题，也不期待或者强制孩子一定要说什么。孩子说话期间不过度回应，避免说教和打断，跟随孩子的话题，他说什么，自己就听什么。当孩子想主动说些什么的时候，心无旁骛地倾听。如果有固定的时间进行陪伴式倾听，会大大促进亲子关系。陪伴式倾听的这段时间，是亲子间的特殊时光。

小淇在写字台上摆弄着一堆小玩意，妈妈坐在她旁边。小淇看妈妈在旁边看着她却不说话，感到奇怪。她问："妈妈，你有事吗？"妈妈说："我就坐在这里陪你。"

小淇继续做着自己的事情。她习惯了妈妈坐在身边时，自己干自己的事情。这个过程或长或短，母女俩有时完全没有对话，有时小淇会说些什么，而妈妈就只是听着。

小淇会讲讲同学间聊的话题，会讲书里读到的有趣的事，还有她自己天马行空的想法。有时妈妈听到小淇说的一些话题，内心会忍不住焦虑，可是妈妈不会打断，不会说教，只是继续听。通过陪伴式倾听，妈妈能了解很多关于小淇的信息，小淇也觉得妈妈是自己最好的伙伴，特别愿意和妈妈分享自己的事。

伏尔泰说，耳朵是通向心灵的路。我们的倾听方式也会成为孩子倾听我们和他人的方式，通过倾听，我们可以走近彼此。

小游戏

神枪手

▶基本玩法

① 父母念以下词汇，孩子听到水果拍一下手，听到其他的就跳一下。

② 父母念出词汇后，孩子及时做出反应，父母根据孩子的表现调整语速。（可以采用以下词语，也可以根据孩子的兴趣替换词语）

- 苹果、瓶子、帽子、桌子、西瓜、镜子、桃子、箱子、香蕉
- 葡萄、鸭子、鞋子、橘子、草莓、妈妈、芒果、椰子、小草
- 大海、梨子、贝壳、小鱼、兔子、菠萝、火车、橙子、袜子

▶更多玩法

① 增加复杂的动作。

② 逐渐加快语速。

提升说的能力

"说"的能力，是孩子学会语言表达后慢慢培养起来的能力，是衡量孩子发展水平的重要指标。从一个一个词往外蹦，到可以用语言和父母交流感情，孩子经历了个体发育和发展的一段过程。有的孩子外向爱说，有的孩子内向不爱说，沟通的能力高低不取决于爱不爱说，而是说什么和怎么说。说的能力不仅仅体现在语言表达能力上，还反映在认知能力和社会情感能力的发展水平上。

1. 说什么？

（1）我能表达自己的感受和需求

孩子小的时候，对于负面感受的表达大多靠哭。不舒服了哭，委屈了哭，生气了哭，饿了还是哭。让父母很烦恼的是，他们在哭声中要识别出孩子的情绪和需求太困难了，只能靠猜。如果猜错了，又要面对一阵失望的哭。但是，随着孩子认知能力的发展，父母可以教孩子一些表达情绪的词汇。父母越早开始教，孩子输出得越快。

2~3 岁期间，可以引导孩子识别情绪，让其知道有不同的情绪。从 2 岁起，父母可以帮助孩子说出他的情绪："你现在很生气。""你看上去很开心。"在阅读绘本的时候，父母也可以和孩子聊一聊主人公的情绪："小猪的房子被大灰狼吹坏了，他感到很害怕。""小兔子和大兔子在一起的时候，她感到很开心。"

3~4 岁期间，帮助孩子表达情绪。绘画、手工都可以成为表达情绪的方式，逐渐过渡到用语言表达情绪。从 3 岁起，孩子可以慢慢说出自己的情绪，父母可以协助孩子从简单的基础感受开始表达，比如，结合当下孩子的表现，给他两个选择——"开心"和"难过"，让孩子选择出描述自己当下心情的词语。通过这样一次次的练习，孩子不依赖选项就能说出自己的情绪和感受。

当孩子把伤心、难过、生气、平静、兴奋、开心……这些情绪的词汇和自己体验到的感受连接上之后，他们就多掌握了一种表达方式：说出自己的感受。在这一阶段，我们可以教孩子说：

• 我感到 + 描述情绪的词汇

• 我很 + 描述情绪的词汇

一个能清楚地表达出自己感受的孩子，更能获得他人的理解。

3 岁的小明刚上幼儿园，每天放学回家后妈妈都会和他聊一聊他在幼儿园做的事情。小明经常有一肚子话想告诉妈妈，可是不知道怎么说。妈妈追问他，他更着急，答不上来就哭了。后来妈妈想了个办法，带他到情绪卡片挂图前，请他指出自己的感受。

小明不知道那种情绪叫什么，但是能指出与之相应的图片。接着妈妈会念出图片上的词汇："哦，你很平静。""你还感到无聊。"渐渐地，他们的对话进行得越来越顺利。令人惊喜的是，几周之后，小明不用看情绪卡片就能准确说出自己的感受了。

当孩子表达出自己的感受时，这份感受在他身体里就流动了起来。说出感受，为自己的情绪命名，是自我接纳、尊重自己的一种表现。

在表达了感受之后，我们还可以说出自己的需要。

• 我的愿望是 + 自己的需要

• 我希望 + 自己的需要

• 我想 + 自己的需要

能说出自己的需要的孩子，更容易获得他人的帮助。

亮亮正在整理书包，换衣服，准备出门，突然哭了起来。哥哥正在门口等着他，看到他哭了，问他："你怎么啦？"亮亮带着哭腔说："我不要穿这件衣服。""那就换一件，哭什么呀！"哥哥感到莫名其妙，很不耐烦地催亮亮："你快一点，要不就别出去了。"

亮亮哭得更厉害了，他边哭边说："我很着急，因为你一直催我。我想慢慢整理，我担心落下东西。"哥哥听了，走到亮亮身边，安慰他："我不催你。你有什么需要帮忙的，我帮你。"亮亮在哥哥的帮助下，带齐了东西，换好衣服，顺利出门。

说出自己的感受和需要，这是一种尊重彼此的表达方式，既尊重了自己，又尊重了对方。我们可以把表达感受和需要的句子连起来说，比如：

- 我很难过，我想你陪我待一会儿。
- 我感到很失望，我希望能马上看到米亚。
- 我很激动，我想让所有人都知道我得了第一名。

在我们遇到问题和麻烦时，还可以用另一个句式来表达需要：

我的烦恼是…… 我的愿望是……

这是《教室里的正面管教》中的一个活动：老师会教孩子一只手拿着代表烦恼的刺球，说出烦恼，另一只手拿着代表愿望的魔法棒，说出愿望。孩子在生活中遇到麻烦和困扰的时候，也可以使用这样的方式，清晰地表达自己的想法。

在 SEL 夏令营中，我们听到小雨分享了她妹妹的故事。

小雨的妹妹经常会拿小雨的玩具玩，小雨原先总是会用抢的方式把自己的玩具夺回来，然后妹妹一定会大哭，妈妈就会骂小雨，小雨很苦恼。后来，小雨用说出自己烦恼和愿望的方式跟妹妹沟通："我有一个烦恼，你没经过我同意玩我的玩具。

我的愿望是，你把玩具还给我。"妹妹听到小雨这么说，不但立刻把玩具还给了小雨，还对小雨说："姐姐，对不起，下次我再也不拿了。"小雨特别开心，因为她用表达自己烦恼和愿望的沟通方式解决了困扰自己很久的问题。

（2）我可以礼貌地拒绝

我们教孩子和朋友分享，教孩子团结友爱，却很少教孩子拒绝。孩子很多时候不是不想拒绝，而是不会拒绝，不知道如何礼貌地拒绝。他们担心拒绝别人会让对方对自己有看法，也担心好朋友会因为自己的拒绝而疏远自己。

有一次，我们带讲师们去某学校参观，因为考虑到孩子的隐私，我们要求不能给孩子拍照。中午休息时，讲师们在学校游乐园里看到欢乐的孩子，特别想把他们拍下来，于是有一位讲师就去问一个小女孩能不能和自己合影，小女孩礼貌地回答："谢谢你，但是不可以。"虽然被拒绝了，但这位讲师却没有一点儿不开心。从小女孩的言行中，她感受到了孩子身上散发出的自信和令人尊重的态度。

自信的孩子不害怕拒绝，懂得尊重别人的孩子会礼貌地拒绝。每个人都有说"不"的权利，不必因为被拒绝而感到自卑。练习如何礼貌地拒绝，从家里开始。父母要允许孩子和自己有不一样的想法，尊重孩子的拒绝。父母要带着孩子学习拒绝的艺术，让他学会用委婉的方式礼貌地拒绝。

我很想帮忙，但是因为……，我无法答应你（或者"现在不行"）。

（3）我会真诚地道歉

很多人不愿意道歉，明明知道自己错了，还要硬撑着。美国心理学家哈里特·勒纳说过，道歉的能力是父母可以向子女馈赠的重要财富。父母敢于道歉，敢于向孩子道歉，为孩子做出榜样，是教孩子真诚地道歉的最好的方式。

孩子在互动时常不知轻重，容易发生意外，比如，在游戏过程中，不小心撞倒同伴，如果不道歉，意外可能会被误认为是故意为之，很容易引起孩子之间的矛盾，甚至严重的冲突。我们可以教孩子说："是我不小心撞倒你了，对不起，我不是故意的，你还好吗？以后我会小心。"表达歉意的同时，也表达对对方的关心。犯错了就道歉，并不意味着"我不好""我输了"，而是一种勇于承担的表现。道歉是解决问题的前奏，也可能就是解决问题的方法。我们来学习另一种真诚道歉的方式。

- 首先，意识到错误："我犯了一个错误。"
- 其次，承担自己的责任："对于……这件事情，我向你道歉。"
  （比如："对于刚才对你大喊大叫这件事情，我向你道歉。"）
- 再次，真诚地道歉："对不起。"
- 最后，反思和解决："下次再遇到这样的情况，我会……"
  （比如："我会自己先冷静，再来找你。"）

道歉需要勇气，父母向孩子道歉更需要勇气。有些父母意识不到自己的错误，或者意识到了错误但不愿意道歉，这样孩子就无法从父母身上学习到道歉的勇气和能力。

妈妈正在家里开电话会议，露露跑过来，拿着勺子就往正在发言的妈妈嘴里送，妈妈便直接推开她，勺子里的东西被甩到了地上。露露气呼呼地跑出去了。

会议结束后，妈妈数落露露不懂事，在开会的时候打扰自己。露露也很生气，指着桌子上的甜品，伤心地说："我是来给你吃这个的。"

妈妈意识到自己的行为伤了露露的心。她蹲下来对露露说："对不起，刚才我不该推你。"露露委屈地嘟着嘴巴，低着头不看妈妈。妈妈问："你还愿意和我分享这个甜品吗？"露露点点头，舀了一勺甜品喂给妈妈，露出了笑脸。吃过甜品后，妈妈说："我也需要一个道歉。"露露看着妈妈说："对不起，我不应该在你开会的时候打扰你。"

父母向孩子道歉之后，不能要求孩子一定原谅自己。不要因为孩子当下没有原谅自己而又一次恼羞成怒。道歉不因对方的反应所左右，原谅与否是对方的事，道歉与否是自己的事。孩子当下没有原谅父母，可能是因为他还在情绪中，父母要给他一些冷静的时间，这是父母给予孩子的尊重和接纳。

2. 怎么说？

倩倩想给"植物角"的植物浇水，可是怎么也找不到水壶。老师说过水壶的位置，可是她忘记了。倩倩有三种方式来处理这个问题：

- 默默地发牢骚："我就是找不到！"
- 粗鲁地指使他人："你，帮我去把水壶找出来。"
- 勇于寻求帮助："打扰一下，你能帮我找到水壶吗？

你希望倩倩选择哪一种方式呢？相信很多人都希望倩倩选择第三种方式，勇于寻求帮助。

向同学或者老师寻求帮助，勇于表达自己的请求，展现出来的是自信而有礼貌的模样，所以我们也把这种方式称作自信而有礼貌的表达。自信而有礼貌的表达是一种良好的沟通习惯。

自信而有礼貌的表达中包括对自己的自信和对别人的礼貌。和别人说话的时候眼睛看着对方；身体保持稳定，不摇晃；声音响亮；语气温和平静。通过这些细节能看出说话的人是自信的。用尊称和礼貌用语，不强行打断对方说话，耐心等待对方说完之后再说，这些都是体现礼貌的细节。

除了语言交流，非语言交流也是经常会用到的沟通方式，比如，我们伸出食指放在闭着的嘴巴前，代表"安静"；用手做成杯状放在耳朵后面，侧向说话的人，代表"听不清楚，请说大声一点"；等等。

非语言交流让彼此间的交流多了动感和趣味，也会让我们感受到与对方之间的默契。亲子间或者伙伴间可以设计一些属于自己的非语言交流的暗号，创造专属于你们的小秘密。

　　随着孩子的成长，社交范围越来越大。沟通是他们在社会交往中必不可少的行为。沟通力的培养，使他们有能力与不同个人和团体建立积极有益的关系，学会表达关心、与他人合作、寻求帮助。我们怎么和孩子沟通，孩子就会怎么和我们以及其他人沟通。培养孩子的沟通力需要父母从自己做起，让自己成为孩子最好的榜样。

第八章　思辨力——思路清晰有主见

思辨力，即洞察事实真相和思考分析的能力。

在社会情感学习中，思辨力即基于道德标准、安全问题和社交准则，对个人行为和社会交往做出有建设性的选择的能力。能够对不同行为的后果进行现实性的评估，并考虑自己和他人的利益。

思辨力包括思考能力与辨别能力。这一章，孩子可以从锻炼思考脑开始，凡事主动思考，想想解决办法；同时学会探索和考虑后果，做出负责任的决定。在信息爆炸的时代，思辨力是孩子面向未来的一项重要能力。

思考力：我有很多好主意

很多父母认为，如果孩子哪里做得不好了，得靠父母来想办法解决问题，而孩子作为重要的当事人一直被排除在解决问题的大门外。

解决问题的能力，思考和判断能力，和其他任何能力一样，都是通过锻炼习得的。对孩子思考能力进行培养的机会就在我们身边，从每天的日常养育开始，时时可以练习。也许父母会说，他只是个孩子，想不到什么办法。那我们要怎样帮助孩子想出办法呢？

1. 思考能力，从小习得

（1）你希望孩子"听话"，还是"有主见"？

家庭中有太多的矛盾来自于"我希望你听话，而你非要坚持自己的意见"。当孩子还很小的时候，衣食住行几乎都由父母决定。孩子听话，我们的养育工作将会非常顺心、轻松。随着孩子慢慢长大，当他们需要思考和做选择的时候，父母却不一定在场。比如："同学嘲笑我，我要怎么回应？""周围的同学考试作弊，结果考得很好，我要学他吗？"同学让我去网吧玩通宵游戏，我去还是不去？""他们说抽烟很酷，我要不要试一试？"

一直听父母话长大的孩子，在独自面对这些问题时，将何去何从？会不会因为一直听话，失去了判断和选择的能力，而盲从于他人和环境？

关于"听话"，确切地说，是我们希望孩子不盲从，听"对的话"，而这要求孩子必须要有思辨能力。面对一件事情的时候，能独立思考，知道自己的能力如何，能预测事情的基本进展，分析做这件事的风险或后果，懂得如何跟人沟通配合，从而做出最合适的判断。

可惜的是，很多孩子的独立思考能力从小就被扼杀了，变成"听话的乖孩子"。比如，有些父母认为，因为自己比较有经验，孩子就要听自己的，没有让孩子参与讨论，共同来分析解决问题的方法，孩子只能在不理解的情况下被动接受父母的做法；有些父母为了避免孩子走弯路，在孩子遇到挫折时，包办代替，不给孩子任何选择和体验后果的机会。作为父母，要学会放手，给孩子创造选择和思考的契机，培养他的思辨能力，让他养成独立思考的习惯。

（2）小小的选择是思考的萌芽

孩子是属于未来的，等他们长大时会面对一个怎样的世界，只有他们自己知道。在时代剧变中长大的孩子是自己未来之路的唯一决策者。而我们作为父母的使命，是让他们会思考、能选择，有能力自己面对不确定性。那父母们又会疑惑："孩子非常有主见，难道意味着什么事情都要听从孩子的想法吗？"当然不是，孩子拥有的权利，总是与他能够承担的责任相匹配的，同时，也要与他的年龄和认知能力相适应。比如，1 岁的孩子还不能独立选择自己的衣物。如果已经 12 岁的孩子回家先做什么作业还要父母说了算，15 岁的孩子穿什么衣服还是由父母来决定，那父母就要思考一下，自己是否干预过多，剥夺了孩子独立思考和做选择的机会。

孩子通常在两三岁的时候开始发展自主意识，最常说的就是"不，我不要"，或者"我就要"。其实在这个阶段，他们发现自己和父母是彼此独立的个体，开始探索自己的能力，喜欢说"不"，喜欢自己做事情，而且还很享受"说不"带来的满足感，这些表现都是正常的。随着孩子自主意识增强，我们可以用选择来代替告知，给孩子一定的自主权，既能帮助他们思考，又可以赢得他们的合作。

冬天的一个早晨，妈妈让 4 岁的小米自己选衣服，小米兴冲冲地选了一条夏天的公主裙。妈妈看到后告诉小米不可以穿裙子。小米则认为妈妈先是让她选，现在又说话不算话，感到委屈、愤怒，开始大哭大闹。妈妈原本想通过放权来赢得小米的合作，没想到，却又一次引发了亲子之间的冲突。

选择是和责任直接相关的，孩子年龄越小，所能承担的责任就越小。所以我们一开始给予孩子的选择应该是有限的。小米妈妈可以拿出两件厚外套，问小米："今天下雪了，外面很冷，我们要穿厚厚的外套保暖。你是想穿这件蓝色的羽绒服，还是想穿这件粉色的大衣呢？你来决定！"这就是有界限的选择。

在给出两个选择后，加一句"你来决定"，不仅赋予了孩子力量，还让孩子感受到被尊重，被信任。

父母不仅要改变说话的方式，还要放权给孩子，满足他的自主意识，锻炼他的思考能力。也就是说，我们要意识到，孩子长大了，开始有自己的想法了。

2. 如何帮助孩子开启思考脑?

很多父母在遇到问题时,都是一边说孩子,一边自己全做了。面对生活中的小事如果都是这样的模式,长此以往,孩子思考和解决问题的能力得不到锻炼,他就会慢慢丧失这种能力。下面,我们一起来学习两个帮助孩子开启思考脑的方法。

两步帮助孩子开启思考脑

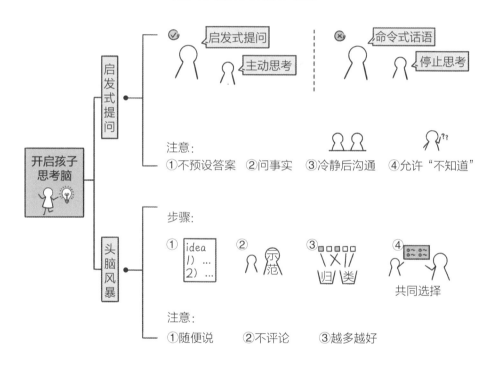

(1)用"启发式提问"播下思考的种子

命令式话语关闭了大脑的思考,而提问开启了大脑的思考。那么,我们应该如何向孩子提问,启发他们主动思考呢? 这里有几个例子:

- 发生了什么？

- 你当时想要做什么？

- 你对发生的事情有什么感受？

- 你觉得是什么原因导致了这件事情的发生？

- 你觉得可以怎样解决？

- 你从这件事中学到了什么？

- 下次可以如何做呢？

这种提问的方式，叫作"启发式提问"，是父母带着真正的好奇、关心、尊重之心与孩子交流、探索，目的是帮助孩子主动思考，培养他思考问题和解决问题的能力，而不是只告知他一个正确答案。

那么，向孩子提问要注意什么呢？

① 不预设答案

启发式提问代表父母真的很好奇，很想知道孩子内心的想法和感受。

孩子能分辨出父母是真的好奇，想知道他的想法，还是只想用提问来套他的话，让他按父母的"答案"来做。

启发式提问的关键是要带着信任，走进孩子的内心。

当我们真的相信孩子，就会问他："怎么能够做好？你有什么想法？会遇到哪些困难？你准备怎么去应对？"当孩子被问到这些问题时，他的大脑就会开始思考，去寻找答案，去搜索经验，去开拓他的想象力和创造力。孩子更想去验证自己想出来的办法。即便这个方法在使用中遇到了困难，他也会想办法去调整。这才是对孩子思考问题和解决问题能力的培养之道。

② 问事实

提问要关注于问事实，用"什么、哪里、怎样"等关键词发问，避免问"为什么"或者"谁干的"。

例如，当我们问孩子："你为什么迟到？""为什么没考好？""杯子是谁打碎的？"孩子会认为是在指责、抱怨他。出于害怕或担心，他会本能地想要逃避问题或对抗，甚至会撒谎。

建议用"如何、什么"来提问，例如："发生了什么事？""他说了什么？""你怎么想的？还有吗？""你有什么感受？""你从中学到了什么？""你有什么解决办法？"在这样好奇的询问中，孩子会对问题挖掘得足够深入，会想到很多之前浅层次思考所想不到的点子或答案。

③ 冷静后沟通

当一方感到生气和烦躁时，不要提问，等大家都冷静下来再沟通。

我们在"情绪力"一章中了解到，无论是孩子还是大人，在特别生气的时候，都是不理智的。如果孩子现在特别生气，我们追问他："你有什么想法？你想怎么解决？"他也许想都没想就会说"没有想法""不知道"。只有当孩子平静下来，在愿意交流的状态下，启发式提问才能发挥最大的作用，帮助亲子之间进行心与心的交流，引导孩子理智思考。

④ 允许"不知道"

允许孩子"不知道"，给孩子足够的时间和机会来发展独立思考的能力。

孩子说"不知道"，可能是因为孩子习惯了被命令或被告知，在被突然提问时，就会不知所措。当孩子说"不知道"时，我们可以给他思考的时间，说"你可以想一想再告诉我"，或者说"我们一起来头脑风暴吧"。

主动思考能力的培养是需要一个过程的，要给孩子多一点耐心，慢慢引导他。

（2）"头脑风暴"让好点子萌芽

头脑风暴是一个富于创造性的过程，它能够针对某个问题，征集一系列可能的解决方案。当孩子在两三岁以后有基本的表达能力时，我们就可以和他们一起用头脑风暴的方法解决问题了。教孩子头脑风暴，就是在他的脑海中种下了一粒思考的种子。父母在带领孩子进行头脑风暴时，需要注意以下三点：

- 随便说，没有标准答案，每个人的想法都值得被听见。
- 不评论，记下或画下所有建议。
- 好点子像爆米花一样，越多越好。

那具体可以怎么做呢？有以下四个步骤：

① 记下所有好点子

不要给孩子的想法设限，记下他想到的所有点子，这对孩子也是一种鼓励。多给孩子机会想一想，经常问"还有吗"，同时给他思考的时间。

② 父母示范与补充

幼儿期的孩子很依赖父母的示范，父母适当提一两个自己的好点子，可以引发孩子更多的思考。注意不要喧宾夺主，孩子才是主角。

③ 零散点子归归类

在必要的时候把好点子归类，可以锻炼孩子的逻辑思考能力和整合能力。比如，全家讨论"出门旅行要带什么"，可以把所有人头脑风暴想到的物品，归类为爸爸要带的东西、妈妈要带的东西、姐姐要带的东西、弟弟要带的东西，也许还可以增加全家共用的东西。

④ 说说想法做选择

在所有好点子都被记下之后，每个人可以对自己想出的点子做展示说明。然后根据需要，选择大家都能接受的好主意。头脑风暴让思考变得有趣，让孩子感到自己有能力，同时，它也真的能帮助家人解决问题。

思维是人类智慧中最美丽的花朵。抓住生活中每一个问题，给孩子思考的机会，让孩子感受思考带来的成就感，他就会感受到自己的能力，养成积极思考的好习惯，这为培养孩子的深度辨别能力和解决问题的能力奠定了基础。

小游戏

我有五个好主意

父母和孩子根据以下小问题来做头脑风暴，争取为每个问题找到五个好主意！

① 功课好多，请想出五个方法，为自己留出更多的游戏时间。

② 为家里的宠物起一个名字，想出五个有新意的名字。

③ 下雨天在家很无聊，想出五个可以让自己充实快乐的好办法。

④ 生气时就像火山爆发，想出五个可以帮助自己平静下来的好点子。

⑤ 爷爷要过 70 岁生日了，想出五个他会喜欢的生日礼物。

辨别力：我能做负责任的决定

每个人随时随地都在经历着大大小小的选择，选择之所以难，是因为我们想要做出负责任的判断和决策。孩子也是一样，随着年龄的增长，社交范围的扩大，也会越来越多地面临一些需要选择和判断的情境。学会探索和考虑后果，才能做出负责任的决定。

1. 学会探索后果

在孩子自主意识还不完善的阶段，父母总习惯于为孩子做选择，孩子不管愿意与否，都被迫执行父母的决定。可当孩子有了自主意识以后，就不再愿意完全遵照父母的决定做事。父母会觉得孩子"叛逆"，孩子的自信心也会遭受打击。

想要解决这一矛盾，父母就要学会适当放手，让孩子自己做决定，学会承担后果。

父母则为孩子起到一个引导和盾牌的作用。

妈妈给东东买了一辆滑板车作为生日礼物。东东特别喜欢，可是家里地方太小，只能在小区花园里玩。周六早上，东东叫上他的好朋友阳阳一起玩，阳阳刚刚接触滑板车，还不太会玩，两个人一个教，一个学，玩得不亦乐乎。

中午妈妈叫东东回家吃饭，而阳阳正玩得高兴，就央求东东："你回家吃饭，把滑板车借给我吧。我刚学会一点点，还想再练练呢。我过两天还给你好吗？"东东开始为难了。

借，还是不借呢？一边是自己的好朋友，一边是自己喜欢的新车。他该如何选择呢？

在这个案例中，东东既珍惜好朋友，又珍惜新车，才会左右为难。滑板车借或者不借，分别会有什么后果呢？遇到这样的情况，父母可以让孩子不要着急决定，

用"如果……可能会……"学会探索和做选择

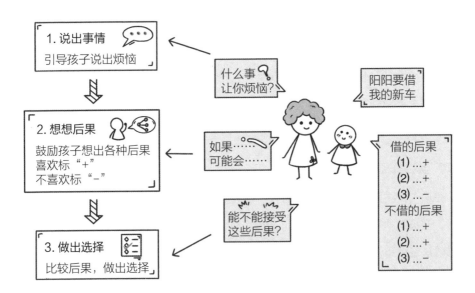

先想一想每种选择的后果是什么，再做出负责任的决定。在日常生活中，我们可以通过"如果……可能会……"的探索来帮助孩子学会思考结果。

通过上面的案例，我们可以总结出帮助孩子做出选择的三个步骤。

（1）说出事情

引导孩子说出让他感到烦恼的事情。比如："什么事情让你烦恼？""什么事情让你很为难呢？"

东东把他的烦恼告诉了妈妈："阳阳要借我的新滑板车，我不知道要不要借给他。"

（2）想想后果

用"如果……可能会……"来鼓励孩子说出他能想到的各种后果，而不要暗示孩子他的想法是对的还是错的。等孩子把各种后果都想到后，再邀请他把这些后果分类，然后看哪些是他喜欢的后果，哪些是他不喜欢的后果。

因此，妈妈可以询问东东："如果把滑板车借给阳阳，可能会发生什么？如果不把滑板车借给阳阳，可能会发生什么？"我们一起来想一想，把结果记录下来。

● "如果把滑板车借给阳阳，可能会发生什么？"

·阳阳很开心，和我的关系更好了。

·阳阳可以更快地学会滑板车，以后和我一起玩。

·我自己想玩的时候没的玩了。

·阳阳以后也会愿意把玩具借给我。

·阳阳没有经验，可能会把滑板车碰坏。

● 妈妈可以告诉东东："有些结果可能对你来说是喜欢的结果，有些可能是不喜欢的结果，可以把上面的这些结果分类，喜欢的结果标上'＋'，不喜欢的结果标上'－'。"

- 阳阳很开心，和我的关系更好了。 +

- 阳阳可以更快地学会滑板车，以后和我一起玩。+

- 我自己想玩的时候没的玩了。 —

- 阳阳以后也会愿意把玩具借给我。 +

- 阳阳没有经验，可能会把滑板车碰坏。 —

- 妈妈接着问："如果你不愿意将滑板车借给阳阳，可能会发生什么呢？"

- 阳阳会觉得我小气，以后不和我做好朋友了。

- 阳阳以后也不和我分享他的玩具了。

- 我只能自己一个人玩。

- 滑板车留在我身边会安全。

- "把上面想到的结果也分分类吧，看看哪些是喜欢的结果，哪些是不喜欢的结果。"

- 阳阳会觉得我小气，以后不和我做好朋友了。 —

- 阳阳以后也不和我分享他的玩具了。 —

- 我只能自己一个人玩。 —

- 滑板车留在我身边会安全。+

（3）做出选择

比较一下列出的后果，最终做出负责任的决定。妈妈请东东进一步思考："当看到列出来借或者不借的这些后果，你仔细想想是不是能够接受这些喜欢的或不喜欢的后果呢？你选择借还是不借？选择后如果心里依然不舒服，可以接受吗？"

最后，东东决定把滑板车借给阳阳。因为列出这些后果后，东东觉得更看重阳阳这个好朋友，两个人玩比一个人玩更有趣。而且，东东说："原来我只是担心他弄坏滑板车，只要提醒阳阳好好珍惜滑板车，相信阳阳不会碰坏的。"

2. 学会分清责任

随着孩子慢慢长大，他们逐渐具备了为自己行为负责的能力，但并不是每个孩子都愿意主动承担责任，所以，需要父母帮忙来培养这种能力。

小方法：分分责任的饼

珍珍已经 9 岁了，是一个爱睡懒觉的小姑娘。妈妈叫她起床，她哼唧着答应了，说"等一下，再等一下"。妈妈叫累了，无奈地摇摇头，做早饭去了。又过了好一会儿，珍珍还没起床，妈妈再次进房间叫她。珍珍一看时间不早了，匆忙起床，随便扒拉了两口早饭，一路奔到学校。不过她还是迟到并被老师批评了。

晚上回到家，珍珍很委屈地责怪妈妈："都怪你不把我叫起来，害我迟到了！"

妈妈为了帮珍珍改掉不讲道理、推卸责任的坏习惯，就邀请珍珍来做个小活动——"分分责任的饼"。妈妈拿出一个饼状图，问珍珍："你觉得上学迟到是由哪些因素造成的呢？我们一起来头脑风暴。"她们列出了下列原因：

• 没有重视起床这件事；

• 拖拉，动作太慢；

• 听到妈妈叫起床时不理会；

• 妈妈没能一直叫自己；

• 没有提前做约定。

妈妈问珍珍："你觉得这些原因中，哪些是你自己要承担的？我们在饼图上做个标记。"

她们标出了其中三项——没有重视起床这件事；拖拉，动作太慢；听到妈妈叫起床时不理会。

妈妈说："我注意到以前我们没有分清责任，也没有做约定，所以你希望妈妈一直叫你，而妈妈觉得一直叫你又不管用，这就造成每天早上我们都很忙乱，着急，生气。现在我们分清了责任，一起来做早晨起床的惯例表吧。如果想要上学不迟到，你需要做些什么为自己起床负责？"

珍珍开始思考，与妈妈一起讨论和制作自己的起床惯例表。

其实，很多时候我们都需要区分责任，这样孩子就会明白哪些事是自己的责任，也是自己有能力做到的；哪些事需要父母或其他人的帮助，大家彼此之间怎么配合。

（1）想想事情的原因

引导孩子头脑风暴："这件事由哪些因素导致的？"遵循头脑风暴的原则，和孩子一起想，想出的内容越多越好，把所有的想法都记录下来。

（2）承担我的责任

引导孩子思考："我的责任是什么？"在通过头脑风暴得到的众多因素中，请孩子找一找哪些是他自己应该承担的责任，可以把这些责任标记出来。如果需要，也可以把父母要承担的责任用不同的方式标记出来。

（3）想想怎么做

引导孩子思考"我需要做些什么来承担责任？""有哪些问题需要他人帮助？"当责任分清后，就可以引导孩子关注问题的解决。孩子自主做选择的权利和界限一定要与他能承担的责任相匹配。孩子的责任意识越强越有能力承担选择的后果，也越能够从做出选择、承担责任的经历中获得"我能行，我可以做决定"的能力感，从而变得更加自信、有主见。

3. 允许体验后果

如果父母想从小就培养孩子做负责任的决定的能力，那不管会导致好的结果还是坏的结果，只要是孩子自己做的决定，父母就不要替孩子去承担，而应鼓励孩子勇敢做出自己的决定并面对其后果。只有给孩子负责任的机会，孩子才能知道什么是责任，怎样对自己的行为负责。

小辉一年级了，觉得自己长大了，希望自己整理书包。妈妈教他看课表，核对每天要带的书籍和物品。每周一有游泳课，还需要额外准备游泳包。小辉都一一答应了，拍拍胸脯表示没问题。于是，妈妈和小辉就约定好，从下周开始，这一系列的动作和任务将由他自己来完成。

到了周一，小辉放学回家后生气地问妈妈："别的同学要是忘了带游泳包，妈妈就会给送过来。为什么你早上不提醒我，也不给我送过来？"

妈妈说："今天没上成游泳课，所以很生气，对吧？"

小辉说："是啊，只有我一个人被留在教室里，气死我了。"

妈妈说："你现在还生气吗？需要一个拥抱吗？"

小辉说："你抱抱我，我会感觉好一点。"

妈妈拥抱了一下小辉，说："我今天在上班，没办法把游泳包给你送过来。要不我们一起想想办法，看看如何避免这种情况再发生？"

小辉说："其实我昨天晚上就准备好了，就是早上走的时候忘了拿，下次我在晚上睡觉前就先把游泳包放在家门口，这样早上穿鞋时就能看见，也就不会忘记了。"

妈妈说："这是个好主意，你自己想到了解决问题的好办法。"

让孩子体验后果对父母来说不是一个容易的过程。父母得无数次忍住想要出手帮孩子的冲动，但这个忍耐是有价值的。如果父母做不到放手，孩子就很难学会提早做规划，不会自己思考和承担责任，也体验不到自己有能力做到的良好感觉。"我有能力，我可以"是孩子承担后果的额外收获。

需要注意的是，让孩子体验后果，并不是用惩罚来让孩子吸取教训，不是让孩子为过去付出代价，而是让他为未来而学习；不是让他感到内疚和羞愧，而是让他可以从中学习，体验到自己的能力。所以，让孩子体验后果，要注意几个关键点：

（1）事先有约定

事先有约定，是对孩子的尊重。

比如，在上述案例中，如果孩子需要自己承担忘记带书本或游泳包的后果，那么在前期，对于如何整理书包，如何根据课表来核对每天要带的书籍、物品，我们要教给孩子并示范。同时和他做约定，分清楚"责任的饼"，即哪些是他的责任，他要如何做。一旦做出了决定，他就需要为此负责。

（2）承担的逻辑后果符合 4R 原则

如果我们真诚地邀请孩子做约定，孩子通常很乐意答应。但真的执行起来，他很可能做不到。例如，孩子和父母做好了约定，每天只玩半小时手机，但是他总是做不到，到了时间不愿意关，总想多玩 20 分钟。当孩子不遵守约定时，他需要承担什么后果呢？

父母可以人为干预，与孩子商量，请他承担后果，这就是逻辑后果，这个后果给孩子带来有益又有效的体验，同时这些后果是非惩罚性的。我们的目的是让孩子从中学习，而不是付出代价。所以，后果要符合相关、合理、尊重和提前告知的原则。

● 相关的（related）：意味着后果必须与行为相关。例如，扣零花钱、取消周末计划，这些是与玩手机不相关的后果；而把手机拿走或是扣除明天玩手机的时间则是与玩手机相关的后果。

● 合理的（reasonable）：意味着从孩子的角度和成人的角度来看，后果是合理的。父母需要反复与孩子核实，如果孩子觉得不是惩罚，那这就成为约定的后果，大家都需要按这个方式执行。这是孩子经过思考，感受到被尊重所做出的选择，所以他更有承担责任的意愿和勇气。

● 尊重的（respectful）：意味着后果不得涉及责备，不让孩子感到羞耻或痛苦，并且应该和善而坚定地执行，既尊重孩子，也尊重父母，还尊重情形的需要。例如，如果孩子选择了"多玩手机的时间从我明天的玩耍时间里扣除"或者"到时间你就把手机拿走"，我们可以和他再次确认："你觉得这个后果能接受吗？对你来说是不是惩罚性的？"如果孩子觉得是惩罚性的，告诉他："那我们不用这个方法，妈妈想帮助你，并不想惩罚你，我们再选择其他能接受的方式。"

● 提前告知（revealed in advance）：意味着在事情发生之前，家长就和孩子已经做好了约定。孩子明确地知道，如果做到或者没做到，产生的后果分别是什么。例如，在允许孩子玩手机前就和他商量好，如果孩子违反了约定，需要承担什么后果，而不是在未经讨论的情况下，就随意给孩子施加一个后果。

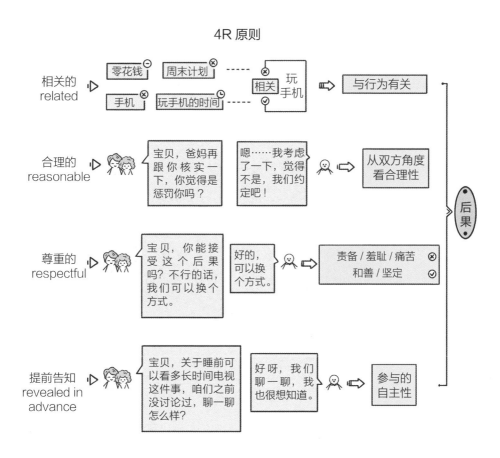

4R 原则

（3）在孩子体验到自然后果时避免说教，而是表达关心和理解

自然后果，是指因孩子没有做到某件事而自然而然地产生的结果，其中没有成人的干预。比如，不带伞站在雨中，就会被淋湿；不吃东西，就会饿；忘记穿外套，就会冷。如果我们让孩子体验自己行为的后果，就给孩子提供了一个真实的学习机会。

在孩子体验到自然后果，而感到失落、沮丧、后悔时，父母要避免借题发挥、说教、训斥、挖苦等行为，比如，"我早就告诉过你了"或者"你看你不带伞，淋湿了吧，别总是指望大人来提醒你"。

任何把责难、羞辱附加给孩子，而干扰他自然而然地获得体验的负面行为和语言，就是在借题发挥。这会影响孩子从自然后果中体验学习的效果。那父母要如何做呢？

可以表达对孩子的关心，理解他的感受。比如，"你浑身都湿透了，一定很不舒服""洗个热水澡可能会有帮助"，在适当的时候可以加上一句"我爱你，我相信你能处理好"。

对父母来说，不施以援手去帮助孩子是有一定困难的，但当父母意识到更重要的事情是从更高的层次帮助孩子培养能力时，更容易欣然面对，放手让孩子去体验，去面对。

（4）把握好体验自然后果的界限——安全、不影响他人

让孩子承担后果，前提是确保孩子安全、不触及底线、不影响他人。以下几种情况要避免让孩子承担后果：

- 当孩子处于危险中的时候。比如，大人不能让孩子体验在马路边玩的自然后果。
- 当自然后果影响他人权益的时候。比如，我们不能允许孩子向别人扔石头的自然后果发生。

- 当孩子行为的自然后果使他们的健康受到损害的时候。比如，孩子不刷牙、不洗澡、长时间玩手机等，这些行为可能暂时对孩子没有影响，但如果长期听之任之就会对他们的健康造成很大损害。

允许孩子体验后果，不是借这个方法去惩罚孩子，而是让孩子感觉到自己有能力克服这个困难。我们不能替孩子做决定或操控孩子的生活。只要父母对孩子是尊重的、鼓励的，孩子就能从中学到责任感和胜任感，成为负责任的人，这也是孩子将来立足社会的基础。

我能解决问题

美国心理学家的研究成果表明，孩子是否能成功解决问题，更多地取决于他的经历而非他聪明与否。任何人解决复杂问题的能力都不是一夕养成的，如果父母期望孩子适应未来，就要让他们从小拥有善于解决自身问题、身边问题、社交问题等复杂问题的能力，那么父母现在可以为他们做些什么呢?

1. 父母做好"脚手架"

困难和挑战一直是孩子成长中难以避免的因素。一些父母因为太爱孩子，把很多本该属于孩子的问题当成了自己的问题，承担了解决问题的责任，而不是鼓励孩子自己去解决问题。

因此，我们首先要明白，谁的问题谁负责解决。当问题属于父母时，就需要父母自己积极面对和解决，也可以邀请孩子帮助自己，这样做向孩子传达的信息是："宝贝，我遇到了问题，需要你的帮助。"当问题属于孩子时，父母可以向孩子传达的信息是："你似乎遇到了一个问题，自己能解决吗？是否需要我们的帮助？"

什么是"脚手架"式的帮助？

在孩子掌握适龄或者略高于当前能力的知识、技能时，给他们提供一定的支持和指导，等孩子能独立完成某件事和掌握解决方法时，再及时撤出。

比如，孩子学骑自行车的时候，刚开始我们会扶着孩子的车，指导他们如何踩脚踏板，如何控制把手，如何保持平衡，等到孩子慢慢熟练了，再逐渐减少保护，直到让孩子自己骑。这个过程，就是在给孩子提供"脚手架"式的帮助。

请回顾一下，我们是如何一步一步地给孩子搭起"脚手架"的呢？

小方法：为孩子搭建"脚手架"

- 在孩子两三岁开始有自主意识时，给孩子"有界限的选择"，让他从小开始，从小事开始做选择，助其思考萌芽。

- 当孩子慢慢长大，把告知变为提问，经常问问孩子："你观察到了什么？你是怎么想的？你有什么好办法？你打算怎么安排和计划？下次要怎么做？还有什么好主意？……"培养孩子遇事主动思考的意识。

- 经常和孩子做头脑风暴的练习，锻炼脑力。让孩子知道一件事情总会有办法，而且可以想出很多不同的办法和主意。

- 面对左右为难的事，需要做选择和判断时，引导孩子用"如果……那会……"来探索一下做出每个选择和判断的后果，使其最终做出负责任的决定。

- 遇事帮孩子分清责任，同时也给孩子真正体验后果的机会。

就这样一步一步地为孩子解决问题搭"脚手架"，这个过程就是培养孩子思辨力的过程。利用生活中的每一次机会，帮助孩子建立解决问题的思路，从简单到复杂，培养其解决问题的能力，再适时放手。这一节，我们将把这些能力综合起来。

孩子总是会面对形形色色的挑战和困难，很多时候我们教导他们，讲道理或者指责批评似乎都不管用，因为我们在代替孩子思考。即便当下某个问题解决了，孩子的能力也没有得到提升，孩子感受到的是受挫而不是胜任感。引导孩子主动思考，通过提问帮孩子建立解决问题的思路，鼓励孩子探索更多的解决方法，就是在为孩子解决问题搭"脚手架"。"授之以鱼，不如授之以渔"，当孩子处理问题的能力见长，"脚手架"就可以慢慢拆除了。

2. 解决问题的"五指山"

在发现孩子遇到某些问题时，父母会默认应该由自己来代替孩子解决这些问题。这样其实是不对的，应该将解决问题的机会留给孩子，让他们自己学会多角度思考问题，发散思维，增强自身主动性，掌握积极面对问题、解决问题的能力。

晴晴过生日，请了好朋友月月到家里来玩。两个人在客厅看电视，晴晴想看综艺节目，月月想看动画片，谁都不肯让谁。晴晴找妈妈告状，妈妈却让她们两个自己解决。求助失败的晴晴看月月不肯让步，一把抢过月月手中的遥控器说："这是我们家的电视，我来决定！"月月反驳道："你太霸道了，我不陪你过生日了，我要回家。"

最后，两个人不欢而散。

月月离开后，妈妈看晴晴稍微平静了一些，于是尝试与晴晴沟通："晴晴，你和月月遇到了什么问题？"（让孩子说出问题）

晴晴说："我想看综艺节目，她想看动画片。"

妈妈再问："你当时为什么一定要拿遥控器？"（妈妈要了解更多的信息）

晴晴回答："她霸占遥控器，我就自己抢过来了。这是我家啊，我想看什么就看什么！"

妈妈点头表示理解："你俩想看的节目不同，月月不肯把遥控器给你时，你是什么感受？"（询问感受）

"我很生气，也很着急。"

"嗯，妈妈能感受到你很着急。再想一想，你把遥控器抢过来，和月月说这是你家，她可能会有什么感受？"（帮孩子理解对方的感受）

"我不知道……也许，生气吧。但是我也很生气，是她先抢的。"

"看来无论谁霸占遥控器，另外一方的感觉都不好。你能想一个你们俩都不生气的看电视的办法吗？"（引导孩子想想解决办法）

"我告诉她那个综艺节目有多好看，说服她，让她愿意和我一起看。"

"如果这样说，可能会发生什么？"（引导探索后果）

"我想她可能还是不愿意，因为她说综艺节目是成人看的，她不喜欢。"

"如果她拒绝，你还能想到什么别的好主意吗？"（鼓励孩子想更多的解决办法）

"和她商量一下，吃饭前先看她喜欢的，吃完饭后看我喜欢的。"

"如果这样说，可能会发生什么？"（引导探索后果）

"她应该会开心，因为我们俩的愿望都能被满足。"

"也许可以试试，还有吗？"（鼓励孩子想更多的解决办法）

"或者，我们不看动画片也不看综艺节目了，一起玩跳舞毯。"

"好主意，你想到了三个不同的方法。"（鼓励孩子）

"如果下次再发生这样的事，你想选择哪个方法试试？"（引导孩子做出选择）

"我和她商量，我们轮流看。事先就说好，这样就不会吵架啦。"

在这个案例中，晴晴妈妈没有直接告诉晴晴解决问题的"对的方法"，而是引导孩子主动说出问题，去了解在冲突中自己的感受和对方的感受，让她关注于问题的解决，并探索不同解决问题的方式可能会产生的结果。

在整个沟通过程中，孩子一直在主动参与，积极思考和探索，最终是她自己找到了解决问题的办法。我们将这种方法称为解决问题的"五指山"，是父母通过层层递进的问题帮助孩子建立起解决问题的思路。

尤其当孩子与其他人发生冲突、矛盾时，或者当孩子遭遇困难和麻烦等对他来说相对复杂的问题时，父母的提问可以帮助孩子梳理思路，找到办法。当孩子逐渐熟悉这种解决问题的思路后，即便父母不在身边，他也能够运用这种方法来解决问题。

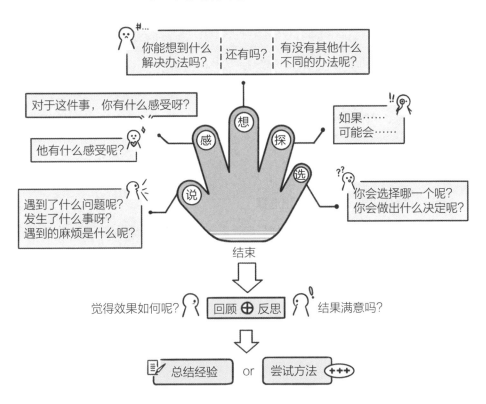

小工具：解决问题的"五指山"

（1）大拇指代表"说"，说出问题

父母提问："你遇到了什么困难？发生了什么？你遇到的麻烦是什么？"帮助孩子用语言来描述他遭遇的难题。

孩子将学会用词汇或语言描述问题，而不是做出攻击性的行为或逃避问题。

（2）食指代表"感"，体会感受

父母提问："发生这件事，你有什么感受呀？猜猜看对方有什么感受呢？"帮助孩子感知自己的情绪，也尝试体会和理解对方的情绪。

孩子将学会觉察自己的感受，也对别人更有同理心。

（3）中指代表"想"，想想办法

父母提问："你能想到什么解决办法呢？你还能想到什么不同的办法呢？还有吗？"给孩子思考的空间，也可以和孩子一起头脑风暴，帮助孩子想到更多的方法。

孩子将学会主动思考，并相信自己有能力找到更多的解决办法。

（4）无名指代表"探"，探索后果

父母提问："如果……可能会……"帮助孩子思考用不同的办法解决问题会产生什么后果。

孩子将学会更理智地思考。

（5）小拇指代表"选"，做出选择

父母提问："这么多好办法，你想选择哪一个？你会做出什么决定？"帮助孩子选出合适的解决办法，做出负责任的决定。孩子将在这个过程中学会积极解决问题，收获胜任感。

帮助孩子用解决问题的"五指山"来找到解决问题的办法并不意味着每一次得到的决定和方法都一定是好的。

因此，父母有时需要找个机会与孩子进行回顾和反思，问问孩子，用这个方法解决问题后，结果是否令他感到满意，他觉得效果如何。这能让孩子感受到父母的关心，也可以帮助孩子进一步总结成功的经验，或考虑是否换个方法再尝试。

3."我能解决"记事本

给孩子准备一个精美的记事本，当孩子遇到一些困难或问题时，请他写下来或画下来，描述"发生了什么，我有什么感受"。当孩子动脑筋想到一些解决办法时，也请他写下来或画下来，描述"我有什么好主意，我做了什么决定"。最后当问题解决了，写出来或画出来自己的心情。

小工具："我能解决"记事本

我的小麻烦	
我的心情	
我的解决办法	
我的决定	
我现在的心情	

如果孩子不会写字，可以画出整个过程，或由父母帮助记录，孩子配插图。无论记录得如何，我们都有机会和孩子聊一聊，听听他的想法。

"我能解决"记事本记录得越多，孩子解决问题的能力就会越强。这些曾经的问题和烦恼也会变成父母和孩子的美好回忆。

父母往往误认为，孩子遇到的问题越少才越幸福，越成功，因而难以理解孩子为什么那么喜欢自己解决问题，以及解决问题以后为何那么快乐与满足。父母也往往小看了孩子的能力，觉得他们做不到。其实，培养孩子解决问题的能力就像培养其他技能力一样，需要不断地练习。

如果孩子能在解决问题的过程中发现自己原来可以想到这么多好主意，能够在做出负责任的决定后体会到"我能行"，那他们就会更有自信，更具胜任感。

第三阶段

社会情感学习的
应用良机

　　在前面的章节中，我们知道家庭里的社会情感学习能力培养这个模型以亲子关系为基础，在日常生活中要开启社会情感学习六大核心能力的学习，最后，以家庭会议的方式整合所学能力。家庭会议是应用社会情感学习能力的绝佳机会，它统筹了家庭教育阶段性目标的实施与检测、规划和展望，同时能够使家庭关系更和谐，家庭氛围更融洽。

第九章　开好家庭会议

家庭会议是家人相互陪伴的高品质时间，它有固定的流程：以致谢开始，然后回顾上一次会议议题执行情况，接着讨论新的议题，最后是家庭娱乐。家人轮流担任主持人、会议记录员和计时员。

在本章中，我们将全面了解一次真正属于家庭的、互相尊重的、赋予每个家庭成员力量的家庭会议是如何开展的，以及它对于促进家庭合作、培养孩子社会情感学习技能的重大意义。读完这章，你就能理解为什么家庭会议如此重要，它是如何形成一个促进亲子关系、促使家庭成员共同成长的闭环的。

家庭会议的意义非比寻常

家庭会议不是追究孩子或父母过错的检讨会，而是一个表达自己内心感受的交流会。不管是孩子还是父母，在家庭中都需要互相协作才能满足各自所需。因此，一次被家庭成员尊重、认可，表达感谢，充满爱和理解的家庭会议才能激发这个家庭更多的正能量。

1. 家庭会议不仅仅是解决问题

家庭会议，简单来说就是全家人一起开会，讨论家庭成员所关心的任何问题。

但是，它的核心并非只是单纯地解决问题，而是希望通过这样的形式，增强家人之间的"联结"。在第一章关于"联结"的内容里，我们知道，联结是一种关系的形成，一种心连心的感觉，一种人与人的互动。

巨大的生活压力，烦琐的生活小事，会让人只想逃避而选择独处。因此，家庭会议成了家人之间"联结"的纽带。你的家里曾经开过家庭会议吗？如果希望全家人坐在一起开会，可能会遇到哪些困难呢？在家长课上，父母们罗列了一些困难：

- 家庭成员不配合、不愿意参与、没时间；
- 参与了也敷衍了事，不积极；
- 问题没解决；
- 不仅没有解决问题，甚至还导致矛盾升级；
- 产生了解决方案，但方案没得到落实；
- "一言堂"，看似民主会议，其实还是一个人说了算……

除了以上这些问题外，很多父母觉得平时工作中要开无数的会已经够头疼的了，回到家还要开会，好像家又变成了另外一个工作场所而对家庭会议心生抗拒。孩子可能会想，父母在会上又想对自己提新要求，于是故意不配合。

因此想要让家庭成员不再担心、抗拒，建立联结，我们召开的应该是一种基于相互尊重和赋予每个家庭成员力量的会议。

想象一下，如果一个家庭定期召开家庭会议，并且是以民主和相互尊重的方式进行，会给这个家庭带来什么帮助？会给孩子带来什么好处呢？通过父母们的讨论，我们得到这样的结论：

- 家庭气氛变得更好；
- 真正能解决问题；
- 可以倾听彼此，促进沟通和理解；

- 孩子勇于承认错误，承担责任，学到解决问题的能力；

- 孩子学会感恩、合作，具有责任感；

- 孩子相信自己可以做贡献；

- 每个家庭成员都有归属感……

如果没有列出这个清单，很多人可能会疑惑，开家庭会议的目的是什么。

有些人会不假思索地说"为了解决问题呀"。我们都期望解决问题，尤其是孩子的问题，而以上结论告诉我们——家人之间有爱有联结，才能彼此了解和沟通，才能共同合作解决问题，孩子也才能从家庭会议中学到很多品质和能力。这些都是我们想要在家庭会议中实现的目的，不是吗？

所以，家庭会议真正的目的是培养孩子的品质和能力，提升家人的合作力与归属感。如果我们放下其他所有的期待，仅仅只冲着"解决问题"这一个目的去开会，忽略家人之间的沟通、联结，忽略对孩子品质与能力的培养，能想象这个会议是怎样的吗？恐怕真的会遇到之前提到的那些令人头疼的问题。相反，如果家人之间是相互合作的，每个人都有归属感，愿意做贡献，孩子也可以从中获得很多的能力，那问题很多时候也就不是问题了。

2. 家庭会议是孩子社会情感学习能力的操练场

说家庭会议非比寻常，是因为它与我们经历过的传统会议相比，有很多不同。你可以把它看成是家里一段特殊的温暖时光，是孩子社会情感学习能力的操练场。

因为通过定期的、有计划的、有流程结构的家庭会议，孩子可以感受到家的温暖，产生归属感；可以讨论与解决问题，获得胜任感；可以认识到自己能对家庭做贡献，自己被需要，提升价值感；也可以获得从错误中学习的机会，在鼓励中收获勇气。这些联结、能力、价值、勇气，对每个人的一生而言至关重要，而它们是需要通过培养和教育获得的。

那么，家庭会议的特色有哪些呢？

- 每次会议从全家人对彼此的致谢开始，由此看见家人的优点；

- 每个人都可以提出想讨论的议题，会议不再只由成人说了算；

- 家人需要轮流承担会议中的工作，每个人都被需要，都可以为家庭做贡献；

- 全家人一起头脑风暴，解决问题的办法不是只有一种，每个人都可以提供好主意；

- 专注于寻找问题的解决方案，而不是相互指责；

- 相信"错误是学习的好机会"；

- 目标不只是解决问题，还要教给孩子良好的品质和社会情感学习能力；

- 以家庭娱乐结束，玩得开心很重要……

在如今快节奏的生活中，很多计划和决定都做得很匆忙。一方面是父母做好了所有的安排和规划，帮孩子考虑周全，打点一切，孩子却并不领情，难免让父母感到受挫和愤怒；而另一方面，孩子也往往感到被控制，觉得自己的想法无足轻重，既不想也不愿主动参与规划家庭事务。

通过家庭会议，父母可以尝试理解孩子，引导孩子主动表达，积极解决问题，学会承担责任，掌握思考、思辨等能力。家长还可以在建立了亲子联结的基础上，发现孩子在社会情感学习能力方面的不足之处，通过家庭会议这一温和的方式与孩子进行交流，并引导其改正。

一周一次的家庭会议，让所有家人主动参与，享受其中。它承载着帮助家人建立紧密联结，帮助孩子不断实践社会情感学习能力，使其获得归属感、胜任感、价值感和勇气的重大意义。

美好的开始

1. 诚挚的邀请

当我们对家庭会议的理念感到热血沸腾，跃跃欲试时，要如何才能邀请到家人参加呢？可以有不同的方式：

（1）直接邀请

"我学到一个有趣的方法，开一个属于我们的家庭会议，很多家庭都用它来表达想法，解决问题，而且开心又愉快。我想在我们家也试试这个办法。可能先试一个月，看看有没有用，感觉如何，你们愿意试试吗？"

（2）期待改变

"我注意到大家对家里的一些事情有不同的想法，有时候会吵架，彼此都不开心。你们可能也觉得总是爸爸妈妈说了算，没有尊重大家的想法。妈妈经过学习，很想做出改变。这是我们共同的家，如果遇到问题，我们可以通过开家庭会议来解决，每个人都可以贡献好主意，我们试试好吗？"

（3）用议题开启

"下个月的端午节有三天的假期，我们商量一下去哪里玩，开个会讨论一下吧？"

从未尝试过开会，孩子可能会质疑这个不太熟悉的模式，或者担心它变成了另一种"控制"自己的方式。我们可以开门见山地介绍，也可以婉转地建议。用哪一种方式向孩子介绍家庭会议最有效，大家通常会有自己的判断。总之，选择适合自己家庭的方式即可。

通常，如果最初有一个好玩有趣的议题，孩子会更容易被吸引而且愿意试一试。

2. 从有趣又简单的议题开始

如果准备开家庭会议，想一想：可以讨论哪些事项呢？

只要是家庭成员想讨论的都可以。比如，妈妈可能想讨论家务活的分工；孩子可能想讨论家里可不可以养宠物；爸爸可能想讨论为孩子选择哪个兴趣班；等等。

每个人想到的，想让家庭成员共同参与来帮助出主意、想办法的事情都可以。平时家长与孩子在一些问题上有不同意见或遇到挑战时，也可以向孩子发出邀请："你愿意把这件事情放到家庭会议上讨论吗？"

（1）议题的收集

议题纸、议题本或议题箱都可以用来收集议题。每个人在一周内，都可以把想讨论的议题写在议题本上，或放进议题箱里。可以随时写上，也可以随时拿掉，因为有时候周一想讨论的问题，到周五发现已经解决了；或是当看到其他家庭成员想讨论的议题，自己更有兴趣，就可以放弃自己原本想讨论的议题。

议题纸可以贴在墙上、冰箱上，或家人随时都可以看见的任何地方；议题本或议题箱可以放在固定的位置，方便家人随时翻看和补充。

当议题本上有了多个议题，选择哪个议题来讨论呢？可以按顺序，也可以抽签或者轮换，家人可以就此达成一个约定。如何选择开会的议题，也许这本身就是一个很好的议题。

（2）议题的注意事项

① 家庭会议的议题要体现尊重，尊重每一位家庭成员

想象一下，如果议题本上写的是"孩子写作业不专心的坏习惯"，或是"爸爸臭袜子乱扔的毛病"，当事人看到，肯定不愿意参加会议。

所以议题要尊重当事人，用正面语言来描述，不要有批判和指责的意味。我们

可以改成"如何提高写作业的效率"，或是"未洗的衣服和袜子可以放在哪里"等类似这样没有批判性的议题，以示对家庭成员的尊重。

② 最初的议题要简单又有趣

如果家人之间还没有感受过家庭会议的美好，还不熟悉会议中每个人都彼此尊重的表达和倾听方式，还不知道如何开展头脑风暴，如何做出理智的选择，就急于找一些很复杂或难解决的问题来尝试，容易让所有人都受挫。

比如，"如何提高学习成绩""拖拉磨蹭怎么办""报考哪一所小学"等议题，放在前几次家庭会议中讨论都太难了，因为这些议题背后有很多综合因素要考量。就像我们学习任何新的技能一样，家庭会议也需要由易到难小步练习。

3. 合理的时间

比较理想的家庭会议频率是每周开一次，建议时长为 20~30 分钟，可以根据孩子的年龄来决定会议时间的长短。

如果孩子只有三四岁，保持注意力的时间有限，家庭会议也可以只开 10 分钟。重要的不是解决多么复杂的问题，而是从简单有趣的话题开始，让孩子有参与感，感受到自己有能力提供帮助或参与讨论，从而建立对家庭会议的兴趣和对自己的信心。

随着孩子年龄的增长，家庭会议的时长可以调整到每次 20~30 分钟，这样，既有充分的时间讨论大家关心的话题，又高效紧凑，让全家人享受这个过程，而不是让大家对冗长的会议望而却步。

根据实际情况，可以安排每周固定的家庭会议时间，比如，周五晚上或周日上午，一旦形成习惯，家人既有期待又有安全感。当本周内有想要解决或讨论的问题时，可以随时写在家庭会议的议题本上，这样，当事人既有思考问题和冷静的时间，又有在家庭会议上充分讨论问题，得到帮助的机会。

如果家庭成员的时间无法固定，比如爸爸或妈妈经常出差，想要在每周固定的时间开会难以实现，那么可以考虑在每次家庭会议结束前，讨论和确定下周家庭会议的具体时间，这样依然可以确保家庭会议在每周顺利召开。

4. 角色与工作分配

家庭会议也是家庭成员做贡献和承担责任的好机会。承担会议中的工作可以让每个人都感受到自己的重要性。

家庭会议中有哪些角色呢？最常见的是主持人、记录员、计时员。

（1）主持人及其职责

- 召集大家开会，引导大家按照会议流程讨论；
- 让每个人都有发言机会；
- 倾听他人的发言，不带批判地接纳所有的建议；
- 引导大家把焦点聚集在讨论的话题上，直到大家对问题的解决方案达成共识；
- 确认结果被记录。

那谁来做主持人呢？

传统会议的主持人肯定是由能力最强的或者表达能力最好的人来担任。但是家庭会议不一样，别忘了我们的目标可不仅仅是解决问题，我们更要珍视家人之间的爱和联结，以及培养孩子良好的品质和社会情感学习能力。

所以主持人可以由家人轮流担任。当孩子比较熟悉会议流程，基本表达能力已经具备，他又很愿意主持，就可以让他来担任主持人。

（2）记录员及其职责

- 引导大家把焦点聚集在讨论的话题上，直到大家对问题的解决方案达成共识。
- 确认结果被记录。

每一次家庭会议都要围绕要讨论的议题，针对议题进行头脑风暴，然后通过讨论，最后尝试达成一致。

记录员就负责把这些想法、意见和讨论结果记下来，方便大家在会议过程中参考，在会议结束后执行，同时这些也是值得留存的家庭纪念。

家庭会议的记录本就像相册一样，记录着家庭点点滴滴的生活细节，将来拿出来翻翻看看，相信会给每个人带来温暖和感动。

记录员由谁来做呢？依然可以轮流担任。

孩子可以当记录员吗？当然可以。如果他会写字，就可以很好地承担这个工作，做出一份贡献；不会写字的时候，用画画的形式记录也可以，家庭会议追求的不是记录有多完美，而是这个过程中每个人的参与和贡献。

（3）计时员及其职责

• 用计时器设置好会议时间；

• 适时提醒时间进度；

• 在计时器响起时，及时提醒会议结束。

这些是计时员的职责。计时员依然可以轮流自愿担任，孩子通常也会很踊跃地参与。

佳佳家第一次开家庭会议时，佳佳才 3 岁，刚上幼儿园不久。其他工作她做不了，于是她的爸爸妈妈就邀请她当计时员，佳佳很高兴地接受了这个任务。

会议开始后，佳佳非常认真地拿着计时器，在家庭会议进行的过程中，她会提醒爸爸妈妈会议剩余时间还有多少。

这一次的家庭会议顺利完成，爸爸妈妈都非常感谢佳佳这个认真负责的小计时员。佳佳也特别开心，因为觉得自己可以为这个家，为爸爸妈妈做出一份小小的贡献。

孩子们都很喜欢帮忙计时，尤其是当孩子年龄较小时，计时是他们可以首先去尝试的工作，这让孩子有机会体验到自己的能力，体验到自己是家庭里不可或缺的一员。

家庭会议的特色议程

1. 基础议程的四个步骤

家庭会议有独特的议程，可以使其最大程度地发挥价值。议程有最基础的四个步骤，也可以在此基础上做自己家庭的个性化定制。

最基础的议程包括：致谢、回顾上次议题的解决方案、议题讨论、家庭娱乐。这四个步骤帮助家庭成员从联结开始，跟进每一次的会议结果，专注于新议题的讨

家庭会议基础议程的四个步骤

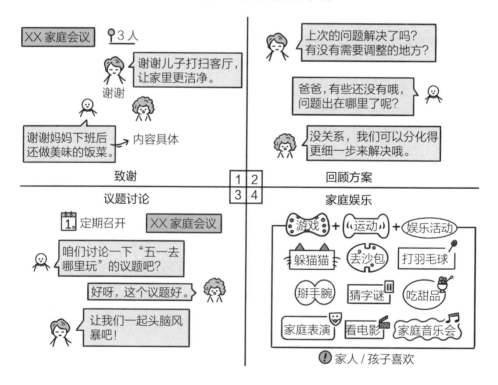

论并尝试找到解决方案，最后以愉快的家庭娱乐结束。

（1）表达感谢与欣赏

这是家庭会议中最美妙的一步，也是最重要的一步，它让家庭会议充满鼓励性，也让家庭成员感受到爱，互相联结，更为大家愉快的交流奠定了基础。

致谢环节，也可以被称为欣赏环节，是指所有参会的家庭成员对其他家庭成员的感谢与欣赏。如果是三口之家。那么孩子要分别感谢爸爸、妈妈；妈妈要感谢孩子、丈夫；爸爸要感谢孩子、妻子，每个成员都不能遗漏，每个成员都很重要。

批评和抱怨在很多家庭中司空见惯，如果开会前就充满了火药味，那在解决冲突的过程中，大家的情绪岂不更是一点就炸？

以"致谢"开始会议，给了全家人用心发现彼此优点的好机会，感谢别人对自己的付出可以让爱在家庭中更好地流动。

3 岁的睦睦家里第一次开家庭会议，妈妈对奶奶表示感谢，因为有奶奶帮忙照顾睦睦，她才能毫无后顾之忧地去上班。

没想到奶奶并没有表现得十分高兴，妈妈显然有些挫败，奶奶却说："咱们是一家人，就应该互相体谅，互相帮助。"妈妈立刻明白，奶奶只是不习惯这种感谢方式，心里应该还是很开心的。

吸取了这次教训，妈妈以后再感谢奶奶时，会具体到某一件小事，比如："谢谢妈周六给我们包饺子，太好吃啦，我吃了 20 个。"这样，奶奶就乐呵呵地接受了。

是的，欣然表达感谢和接受感谢，也是需要慢慢习惯的，如果具体而清晰，家人反而更易接受。如果一开始觉得困难，可以安静准备一分钟来帮助全家人进入状态，让大家回忆并想想致谢的话要说些什么。

- 爸爸，谢谢你周六开车一个小时送我去上钢琴课。
- 妈妈，谢谢你辅导我做家庭作业。
- 外婆，谢谢你给我做鸡蛋饼，太好吃了！

·姐姐，谢谢你在我过生日的时候送给我一幅画，我很喜欢！

·哥哥，谢谢你用零花钱请我们吃冰激凌。

从点滴小事开始表达感谢，而不是泛泛一句"谢谢大家来开会"。感谢也是一种对家人的鼓励，是家人之间表达爱，建立联结的机会，也是对每个家庭成员的"看见"、认可，是需要刻意练习才能建立的一种习惯。每个人都喜欢被尊重和认可，很快，致谢就会成为家庭会议的亮点。

致谢是家庭会议中最重要的一步，能让我们感觉到彼此之间的爱和联结，体会到在家庭中的归属感。孩子在父母的影响下，也会把"我们一家人"挂在嘴边。

（2）回顾上次议题的解决方案

每一次家庭会议，都要及时跟进上次家庭会议探讨的问题，回顾问题是否被解决，方案是否被执行，是否需要调整。这样可以保证每次家庭会议是有效的。如果上次家庭会议提出的解决方案不可行或者没有及时落实，那么这一次家庭会议就是在上一次错误中学习的好机会，全家人可以一起看看问题出在哪里，如何调整，是否需要把议题分解开来，从更小的一步开始解决。

周周每周都从学校图书馆借三四本书，但妈妈发现周周借回来的书经常被放在一边而没有看，到了新的一周，周周又去借新的书。周周妈妈发现这个问题后，在家庭会议上提了出来。

在家庭会议上，周周自己提议每周由借四本改成借两本，并留出三个晚上来阅读，周周与妈妈约定这个方法先试行一周。在新一周的家庭会议回顾环节，妈妈发现周周因为作业很多很难把两本书读完，于是提议让周周每周只借一本书，每周留两个晚上的时间来阅读，并且约定了阅读的具体时间。

现在周周已经养成了坚持阅读的好习惯。

这个例子告诉我们，家庭会议讨论出的解决方案，是需要去落地和跟进的。我们既要学会对结果负责，又要有灵活调整方案的能力。

（3）议题讨论

家庭会议应该使每个人都能获得帮助并帮助他人。在日常生活中，家庭成员难免都会遇到彼此观点不同，产生矛盾冲突的时候。如果在产生冲突的当下去解决问题，很有可能缺乏理智，不能冷静思考。如果定期召开家庭会议，我们就可以相互提醒，把家里的一些日常问题放在会议中作为议题来讨论。

那么，这样做有什么好处呢？

• 不回避问题，每个人都有机会表达自己对问题的看法，同时了解别人的看法；

• 有时间平静下来，从愤怒状态恢复到理性状态；

• 有机会沉淀自己的想法，重新评估和分析情形，也许会转换思路；

• 学习到不是所有问题都必须马上处理，事实上，等到开会时，很多问题已经不是那么迫在眉睫了。

议题讨论的环节，就是家人针对需要讨论的议题一起想主意，尝试解决问题或达成一致意见的过程。那么，如何优化这个环节呢？我们有三个小技巧。

小方法：讨论议题的三个小技巧

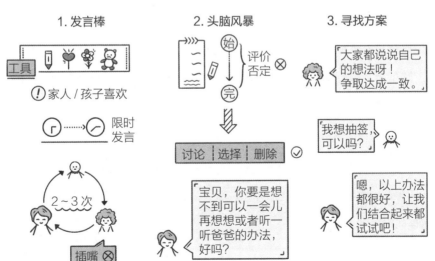

① 发言棒

为了防止大家抢着发言，陷入无效的争论，或是没人愿意发言，陷入停滞，家庭会议中可以用发言棒这个小道具。在讨论解决方案的环节，大家可以按顺序传递发言棒，只有拿到发言棒的人才可以限时发言，其他人是不可以打断的。这样保证了每个人都有发言机会，也避免了冷场。如果讨论热烈，发言棒还可以多传一两圈，让大家有充分表达自己意见的机会。发言棒可以是一支笔，一朵花，或一个玩偶，只要是家人和孩子喜欢的物品，都可以拿来做发言棒。

② 头脑风暴

头脑风暴是在短时间内促使大家迸发出各种好主意的方法，无需讨论，每个主意都可以被记下来。那进行头脑风暴时要注意什么呢？

• 每一条建议都要被记录，记录的过程中不能评价、否定别人的想法。无论这个想法听上去有多荒谬或不切实际。之后需要对这些想法进行讨论，做选择或删除。孩子就是在一次次的头脑风暴和选择中，学会理智思考的。

• 头脑风暴对于大多数孩子来说是一个新的技能，如果孩子习惯了等待大人的指令，那一开始当我们邀请他一起想办法时，孩子可能本能地会说"不知道"，也许他还不够自信，或是想不到。这时候，我们可以停一停，问问他："你愿意想一想再回答我吗？"也可以提出自己想到的一些办法来启发孩子，鼓励孩子，相信在多次的练习中，孩子会逐渐打开思路，积极参与到头脑风暴当中来。

③ 寻找方案

在家庭会议中，每个人都被鼓励参与讨论，贡献自己的想法，每个人都被倾听，所有的想法都被看见，也被纳入考虑。那么，这么多好主意出现了，家庭成员要如何选择呢？

尊重和提供有界限的自由，是很重要的原则。在具体运用时，可以体现为解决问题的 3R1H 原则，即 related（相关的）、reasonable（合理的）、respectful（尊重的）、helpful（有帮助的）。这四个原则帮助所有的家庭成员评估提出的好主意有没有可行性，只有同时满足这四条原则，才是真正有效的解决方案。

去掉不符合 3R1H 原则的建议，剩下的就是一些比较合理的建议，全家人依然可以通过讨论，在这些方案中选择大家都能接受的方案，比如，轮流说说自己的想法，争取大家的一致认可；抽签；把这些建议综合考虑，变成一个被认可的新方案；有时也可以尝试不止一个方案，来试试哪个更好。

做决定的责任最终会落在当事人或父母的肩上，而其他人的主意和观点可能拓展了大家考虑的角度，补充了有价值的见解，甚至可能对当事人最终的选择产生影响。

下一次家庭会议就是回顾的好时机，看看这个解决方案进展得如何，是否还需要做出调整。

（4）家庭娱乐

家庭会议要以愉快的感觉开始，以愉快的感觉结束。家庭娱乐就是一个快乐的结尾。即便在议题讨论环节，家庭成员因为自己的建议没有被采纳而有点失望，但最后的家庭娱乐又再次让每个人感受到联结和爱，提醒家人不忘初心。爱、合作、贡献始终是家庭的主旋律。

家庭娱乐可以做什么呢？

这取决于家人喜欢做些什么。例如，全家人一起参与的小游戏、小运动和娱乐活动。常见的有躲猫猫、丢沙包、打羽毛球、掰手腕等。可以问问孩子，他一定比我们有更多的好主意。家庭娱乐还可以是家庭表演、猜字谜、吃甜品、开家庭音乐会、看电影等。只要是家人喜欢的活动都可以。

感受家人的爱与彼此之间的联结，学会合作、理解和尊重其他人的感受，学会建议也学会妥协，为了所爱的家人，这些都是值得的。让我们的家庭会议以正面的感觉开始，以正面的感觉结束吧。

2. 个性化定制议程

家庭会议除了以上四个步骤之外，每个家庭也可以根据自己的需要，适当地丰富会议议程，做个性化定制，以更好地满足自己家庭的实际需要。只要是每次会议都会涉及的议题，就可以补充进去，形成固定的议程。例如：

- 计划与安排：家庭计划与事务性的安排，例如，接送孩子的安排、下周食谱等。
- 家庭需要：家庭成员表达自己的需要，例如，孩子表达"我需要买什么""我需要什么帮助"等。
- 家庭工作：一周的家务活分工。
- 通知：有什么信息要告知大家。
- 零花钱：给孩子发放每周的零花钱。
- 购买物品：讨论和确认家庭下周需要购买的物品。
- 分享：如，本周我觉得特棒的事情，从错误中学到的事情，自己的心得等。
- 下次会议时间：如果每周的会议时间是不固定的，可以在每次家庭会议上把下次的时间确定下来，方便所有人知晓和准时参加。

补充议程完全可以根据家庭的需要，插入家庭会议的议程里，使其更符合自己家庭的个性化需要。

刚开始召开家庭会议时，议程越简单越好，避免一开始内容太多，增加家人的压力。我们可以以基础流程为主，后续随着大家越来越得心应手，享受其中，根据家庭的实际需要逐步增加议程。

小工具：家庭会议议程模板

会议时间：	出席人员：	
主持人：	记录员：	计时员：

会议议程：

1. 致谢
2. 上一次会议回顾
3. 议题讨论
4. 通知（个性化议程）
5. 下次会议的时间（个性化议程）
6. 家庭娱乐

3. 家庭会议自检表

有了美好的开始、完善的议程，就可以着手开启家庭会议了。和所有我们新学到的技能一样，刚开始召开家庭会议时，会遇到困难，会掉入一些"陷阱"，忘记了最美好的初心。当遇到挑战、困难时，这张自检表可以帮助我们去核对、反思，找到重新开始的勇气。

小工具：家庭会议自检表

Yes	No
促进家人之间的合作	显示父母的权威
全家最重要的特殊时光	有空才开会
固定每周一次	只有出现问题了才开会解决
家人关心的事都可以被讨论	只想解决孩子的麻烦
每个人都有工作并做贡献	自己承担了所有的工作
给予孩子思考时间	少数人"一言堂"
邀请每个人参与	父母说得太多
认可和欣赏家人做得好的地方	揭露错误
培养良好的沟通能力	进行说教
通过协商达成一致	权威说了算
让每个人体会到自己对家庭的贡献	包办与代劳，让别人感激自己做的一切
解决问题	惩罚或奖励
欣赏进步	追求完美
错误是学习的好机会	遇到困难或不顺利就放弃
培养与提升能力	只想立刻解决问题
传递"人人平等"的理念	表明某个人比别人都聪明

家庭会议让全家人凝聚在一起，彼此帮助，互相尊重，是真正属于家庭的，能够赋予每个家庭成员力量的家庭时光。在合作的氛围中，孩子参与得越多，就越有归属感；越有归属感，就越想要做贡献；越做贡献，就越能够体验到自己的能力和勇气。

附：家庭会议范例

会议时间： 2020 年 3 月 28 日	出席人员： 爸爸、妈妈、姐姐、弟弟		
主持人： 妈妈	记录员： 姐姐	计时员： 弟弟	茶水员： 爸爸

会议议题：如何改掉发脾气时扔东西的习惯（姐姐提出的议题）

会议议程：

1. 致谢

姐姐：谢谢爸爸为我们今天会议准备了好吃的蛋糕；谢谢妈妈陪我们去看电影《狮子王》；谢谢弟弟在我生气的时候亲亲我，哄我开心。

弟弟：谢谢姐姐把漫画书借给我；谢谢爸爸陪我下象棋；谢谢妈妈给我买了新的玩具车。

妈妈：谢谢老公在我加班的时候陪孩子，让我很放心；谢谢儿子在吃苹果的时候特意留了两块给我；谢谢女儿晚上在我很累时，代替我给弟弟讲故事。

爸爸：谢谢老婆上周做了我最喜欢吃的糖醋鱼，比餐厅做的还好吃；谢谢儿子今天帮忙摆餐具；谢谢女儿给我们表演你新学的舞蹈。

2. 上一次会议回顾

上次会议讨论了给家里新养的小狗起什么名字，大家意见达成了一致，叫它"罐头"，这几天"罐头"好像已经熟悉了自己的新名字。看来执行得不错。

会议议程：

3.议题讨论

姐姐提出了这次的议题——如何改掉发脾气时摔东西的习惯，想讨论两点：（1）摔东西为什么不好；（2）如何避免发脾气时摔东西。

大家头脑风暴，传递发言棒来表达自己的想法，记录员做好的记录如下：

（1）摔东西为什么不好？

· 没有礼貌和修养

· 会激发矛盾，让大家更生气

· 东西会坏掉

· 摔完了东西会心疼和后悔

· 浪费钱

· 不珍惜物品

（2）如何避免发脾气时摔东西？

· 在墙上贴一张纸提醒自己："不能摔东西"

· 打打抱枕来发泄情绪

· 深呼吸，一次不够就两次

· 告诉自己如果摔了东西需要承担后果

· 东西坏了需要自己花钱买

决 议 基于以上讨论，家庭成员们选择以深呼吸的方式来避免摔东西，如果没忍住，就要自己承担后果，想办法赔偿。

4.家庭娱乐

撕名牌大战：姐姐对战弟弟，妈妈对战爸爸。

第十章　应对家庭教育中的挑战

　　社会情感学习能力是父母引导孩子在家庭、社会里不断地学习、实践、体验中发展出来的。丰富的生活场景和环境是培养和发展孩子社会情感学习能力的重要基础条件，而在这些条件下，父母如何正确引导孩子学习和使用各种技能就显得尤为重要。

只有哭闹才能得到心爱的东西？
——温柔而坚定地设界限

　　小新每次去商场都一定要买玩具。爸爸妈妈如果拒绝或者跟他讲道理，他就会大哭大闹，赖在玩具店里不肯离开。

　　小新的爸爸妈妈对此很苦恼，到底该不应该同意孩子的要求呢？

　　孩子用哭闹的方式要求买玩具，是父母经常遭遇的情况。

　　买，还是不买？如果买了，孩子会高兴，会满足，但对于新买回家的玩具不知道珍惜，常常喜新厌旧，然后他们很快会继续寻找"下一个目标"，周而复始。而更深层次的担忧是，如果孩子一哭闹就满足他，那会不会强化他用哭闹来寻求满足的行为。如果不买，孩子会失望，又哭又闹，公共场合还让父母下不来台。除此之外，让人纠心的是，孩子对玩具的渴望和他得不到玩具时痛苦和伤心的神情，也让父母心疼："孩子这么想要，在经济上又没有压力，真的要限制他吗？"

很多父母在这个问题上与孩子"过招"之后，往往有以下三种结果：

一是父母妥协，陷入上述的循环；二是用缓兵之计，哄骗孩子下一次再买，但多次使用这种方法会造成孩子对父母的不信任；三是干脆强行拖开，气极了打骂一顿，最后孩子伤心，父母生气，两败俱伤。

如果我们对这三种结局都不满意，可以做些什么呢？

1. 共情：理解孩子想要玩具的心情

在上面这个案例中，当小新妈妈感到纠结，不忍心拒绝孩子的时候，内心一定感受到了孩子对那个玩具的渴望。孩子为了得到玩具而哭闹的这个行为是错的，但是孩子对这个玩具的新奇和渴望没有错，是可以理解的。很多父母曾经和孩子聊过："为什么你已经有那么多玩具了，还想买新的？"孩子会怎么说呢？

- 这个小汽车的型号和家里的不一样，我在收藏，每一部玩具汽车都有自己的特点。你看着像，但它们完全不同。
- 动画片里有这个公主，我买一个，就可以拿着她看电视，就像我也变成了电视里的公主。
- 这是一个系列的玩具，我要收集完整，而且收集难度是慢慢增加的，不能半途而废。
- 别的小朋友都有这个玩具，他们都说很好玩，我也想试试。
- 我今天心情不好，买了玩具就会很开心。

……

这些都是孩子真实的想法，如果站在孩子的角度看，是不是挺有道理的？而且我们是不是有时也会跟着明星买同款的衣服和首饰？是不是也会针对同一品牌的口红买不同的色号？是不是也会为了面子而买某个名牌包？或者因为心情不好去购物？

在"情绪力"一章里，我们学过"同理心"，同理心让我们设身处地为他人着想，体会他人的情感，理解他人的想法。对孩子也是如此，只有理解孩子，理解他们有自己的喜好，理解他们还不懂得成人世界里柴米油盐酱醋茶的忧虑，理解他们在非常想要某个东西时的坚持，然后才能尊重孩子。然而，理解和尊重并不意味着纵容。买，要有规划；不买，要合理应对。有界限地许可，教孩子理智规划与选择，这样才可以走出两难的困境。

2. 设定界限：提前沟通与约定

在"执行力"一章里，我们提到过，树立边界可以为孩子指明方向，明确目标。带孩子去逛街时，孩子会想要自己没见过的新奇东西，或是会被琳琅满目的玩具吸引，这是很自然的事，这就需要父母事先给孩子设定许可的界限，也就是对"什么时候购买玩具、如何购买玩具"的问题事先通过讨论或开家庭会议来做出约定。

例如，每个月只买一个新玩具。在准备去商场或超市之前和孩子沟通好，关于他能买什么，做好约定，比如，只能买一件或两件最喜欢的东西，价格不能超过多少。这个界限由父母根据家庭的经济情况和当下的情形设定。父母首先需要自己想清楚界限，才能和孩子沟通。一旦和孩子商量好了，如，"今天只买一件，不超过100元"，那在逛街时，就把买东西的决定权交给孩子，让他自己选择。是买玩具或是买好吃的，如何做选择，有没有超过预算……这些都是孩子需要思考的。如果孩子同时对好几件玩具都爱不释手，在没有超过预算的情况下，可以让他选择其中最喜欢的一件带回家。这样能提高孩子自主思考和选择的能力。

3. 说到做到，温柔地坚持

如果我们允许孩子买玩具，那么提前和孩子做好约定，孩子通常是能接受的。难的是，真到了商场，孩子是否能按照约定只买一件或是不超预算？一开始会很难，这也是最考验父母的时刻。

这时我们需要温柔地坚持——既理解孩子的心情，又坚持约定。可以对孩子说："哇，看起来你很喜欢这个玩具，给我讲讲为什么喜欢它？可以怎么玩呀？"当孩子眉飞色舞地给我们讲了很多之后，我们可以表达对孩子的理解："看来你真的很喜欢这个玩具，特别想买下来。"接着可以表现出坚定的态度，同时帮孩子想想办法："嗯，这个月我们已经买过玩具了，没有预算了。虽然这个月不能买，但距离下个月买玩具的时间还有两个星期。今天你多看看，先想想这个玩具跟家里的玩具类似吗？一个月只能买一个，千万别买重复了。再想想回去可以怎么玩，是自己一个人玩，还是可以跟爸爸妈妈或小伙伴一起玩，先规划起来。你想好了一定要买它的话，下个月爸爸妈妈来陪你买。"

在这个过程中，妈妈表达了理解，明确玩具未来可以买，也把思考的责任交给了孩子。同时妈妈也表现出了坚定的态度：这个月的预算用完了，今天不可以买。这就是温柔的坚持，既尊重孩子，又尊重自己，同时尊重双方达成的约定。如果父母这样做，孩子能感受到什么？"这个玩具我是可以买的，妈妈也信任我，同时我有自己挑选玩具、自己做规划的能力。"

如果孩子依然为不能买玩具而伤心难过，我们可以抱抱孩子，或是仅仅在旁边陪伴他，等他冷静下来。失望时的一个拥抱或许比讲一堆道理更能帮助孩子平静下来。

4. 用零花钱培养孩子的财商

很多时候挑战就是培养孩子能力的机会。当孩子对买东西感兴趣的时候，也正是父母用零花钱来帮助孩子学习做规划的好机会。让孩子拥有自己的零花钱，学会怎么花钱，怎么算账，怎么做计划，为培养财商打好基础。

购物时，如果孩子想买更多的玩具，父母可以问："你存的钱够吗？如果不够，你认为还需要多长时间能存够？"这时孩子会思考自己是否真的愿意花钱。当孩子决定要用自己存的零花钱来买玩具时，他们会更谨慎。有时孩子下定决心要存钱以后来买，几天后，说不定他就会改变主意。

（1）零花钱给多少？

给孩子零花钱时，要考虑他的年龄和他实际使用的情况，零花钱的数额取决于父母希望孩子用这笔钱做什么。如果一周只给孩子 5 元钱，而一本喜欢的书大概 25 元钱，那么孩子要攒五个星期才能买到一本书，这种等待太漫长。如果孩子没有花钱体验，那他也无法学会管理金钱的方法。

例如，一位妈妈分享，自己孩子在 6 岁时，每周零花钱有 15 元，这样一个月就有 60 元。他可以用来买一些零食，买自己喜欢的小玩具、书籍，或存下来给家人买礼物。他们还商量每月存 5 元钱用于慈善活动。

（2）花钱不当怎么办？

如果孩子花钱不当，他可能会后悔，但这正是他从错误中学习的好机会，父母要表现出共情，并避免干预。孩子在花钱的过程中，体验到心仪的东西买不起，就会领悟到原来需要存钱；当孩子发现用"毕生积蓄"买来的玩具几天就坏了或是不喜欢了，他会谨慎购物；当孩子发现买几个棒棒糖的钱就能为山区孩子买到写字本，他会体验到慈善的力量……孩子就是在这样的过程中学会花钱的。

妈妈，姐姐欺负我！
——正确处理手足之间的冲突

小嘉和妹妹小珈相差 2 岁，两人经常为各种鸡毛蒜皮的事争吵、打架，并且找妈妈告状。妈妈本以为两姐妹会互相帮助、互相爱护，却没想到经常因两人吵闹而烦恼。

那么，在多子女家庭中，父母应该如何解决孩子之间的争端呢？

如果家里有不止一个孩子，那么恭喜你，你将拥有更多培养孩子社会力的机会。家庭就是一个小社会，兄弟姐妹间的冲突正是孩子学习如何与他人相处、如何为集体做贡献的契机。

1. 从与兄弟姐妹的关系到与他人的关系

如果把家庭比作一个舞台，那孩子一出生就好比在没有剧本的情况下被抛到了舞台上，他在和周围人的互动中努力寻找自己的位置，探索"我是谁"，他人是怎样的，世界是怎样的，从而做出决定。

在第六章"社会力"中我们就曾提到，社会力体现在人与人之间的关系里。在面对孩子之间的冲突时，父母只想解决孩子之间的冲突呢，还是想以此为契机，培养他们面向未来的社会力呢？

所以，父母在面对孩子之间的冲突时不要只想着怎么"灭火"，而是要把眼光放长远，从更大的视角看问题。带着这个培养孩子能力的大目标，遇到孩子打架了，具体可以怎么做呢?

我们在第二章"亲子关系"中"放手的艺术"那部分内容尝试给孩子创造学习解决问题的机会,并且运用 CLEAR 模型中的提问,引导孩子寻找解决问题的办法。

如何引导孩子寻找解决问题的办法

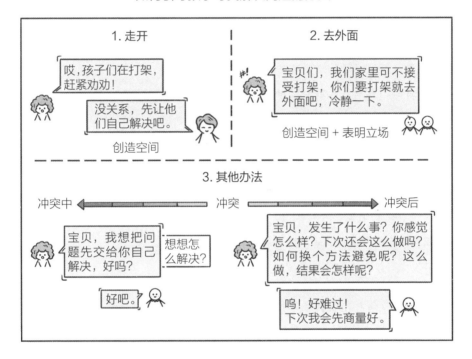

（1）走开

走开并不是逃避问题,眼不见心不烦,而是把问题交给孩子去解决。这时你会发现,两个孩子打架,如果父母在跟前,往往动静越闹越大,两个人都想得到父母的支持,父母的存在甚至介入好像催化剂。

反之,如果父母不在跟前,他们之间的矛盾更纯粹,不再掺杂着寻求父母关注,争论父母偏袒谁的问题。所以，父母走开为孩子创造了解决问题的空间，有的时候仅仅这样做已经足够了。

（2）去外面

"如果你们继续打架，请去外面。"除了创造空间，这个选择表明了父母鲜明的立场：我们家里不接受打架的行为。同时，场景的转换让孩子有机会冷静下来。

（3）其他办法

我们还可以和孩子谈一谈，但是必须把问题交给孩子，让他们寻求合理的解决办法。当然，这仅仅是在冲突当下的处理方式。

发生冲突没有关系，重要的是引导孩子从冲突中反思、学习。事件过后，可以分别和每个孩子讨论，使用 CLEAR 模型中的提问方法：

- 发生了什么？

- 你有什么感受？对方有什么感受？

- 有什么解决办法？

- 如果用这些办法，结果可能会怎样？

- 下次你可以怎样做，以避免冲突？

我们建议父母和每个孩子单独谈，而不是把两个人叫到一起，因为一起回顾冲突，难免会让孩子产生对质的感觉。而且，每个孩子从冲突中感知到的、学到的不一样，父母需要听一听每个孩子的表述，然后客观地思考。

2. 建立家庭合作，避免手足之争

孩子在和兄弟姐妹的相处中，学习合作、协商、共赢。父母平日在家里多创造孩子们相互帮助、相亲相爱的机会，可以有效避免手足之争。

二宝出生前，妈妈邀请大宝一起布置二宝的房间，准备二宝的衣物用品。等二宝出生后，爸爸妈妈的精力更多放在二宝身上，无暇顾及大宝。

但是不管多忙，父母中的一个人，通常是爸爸，要留出时间陪伴大宝。妈妈看护二宝的时候，也会请大宝适当地帮忙做些事情，满足大宝对二宝的好奇心，在他们之间建立联结。

多子女家庭要经常邀请孩子互相为彼此服务。当他们友好相待，互相帮助的时候，父母要给予温暖的鼓励："我看到你帮哥哥递纸巾。""谢谢你们一起完成母亲节礼物。"

和孩子建立联结，在孩子各自的亲子时光，聊聊兄弟姐妹的好："你喜欢姐姐什么？姐姐是怎么帮助你的？"

和孩子们一起玩游戏，在游戏中相互合作，增加亲密度。也可以设计一些有趣的非竞争性的活动，比如，一起设计、表演一出戏剧，合作完成一件手工作品，玩医院、商店等角色扮演的游戏，等等。

家务活是发展孩子社会力的重要方式。和孩子们一起做家务，分工合作，彼此支持。比如，一起准备一顿晚餐，一起照顾花圃或宠物，共同完成周末大扫除，等等。

和孩子们聊一聊你和你的兄弟姐妹的故事：你们是如何相处的，你们遇到过哪些挑战，又是如何解决的。孩子们将从你的身上学到手足相处之道。手足之情，是家庭里温暖的光，照亮家里的每一个人。

3. 关于偏心

在多子女家庭，父母经常困惑于孩子对父母偏心的抱怨，这种抱怨也可能成为冲突的导火索。然而，父母感到冤枉的是，自己已经尽力做到一碗水端平了，什么东西都买双份，明明就没有偏心。

父母要理解，均分并不意味着公平。在孩子眼里，公平更是一种主观感受，不论父母如何做，如果他觉得不公平，那就是不公平。比如，家有双胞胎，妈妈买了两个一模一样的玩具，但是，姐姐就一定要得到妹妹那个，否则她就觉得不公平。

其实，孩子要的不是那个玩具，而是那个玩具代表的"你心里有我，全是我"。

老大可能抱怨父母在老二身上花了更多时间，老二可能抱怨父母给老大更多特权。所以，父母向每个孩子要表达的是，"你是如此独一无二，我心里全是你"。表达的方式参照第二章"亲子关系"中的内容，比如设置可以和每个孩子单独相处的特殊时光，发现孩子的优点，告诉孩子"我爱你"，等等。

同时，父母在自己兄弟姐妹中的出生顺序也可能无意中影响着自己对老大老二的态度。比如，身为老大的父母，从小到大可能最讨厌的一句话就是，"你是姐姐，要让着妹妹"，这样的父母不仅不会对老大说这句话，而且还会格外照顾老大，结果反倒有可能让老二受了委屈和冷落。因此，父母要在这方面审视自己，以防矫枉过正。

最后，把每个孩子当成独立的个体，永远不要对孩子进行比较。每个孩子都有自己的长处和短板，要看见每个孩子的独特性，而不是抓住他的短板与别的孩子进行比较。比较不但起不到激励的作用，反而会强化孩子之间的竞争，让他们感到受挫，削弱自信心。

幼小衔接，只强调认字和数数？
——做好社会情感能力的准备

小明今年上幼儿园大班，马上就要升入小学了。和同龄的孩子相比，小明虽然生活自理能力还不错，但是他比较贪玩，专注力差，有时控制不住自己的情绪，容易和别的小朋友发生冲突。

那么，在孩子幼升小阶段，父母应该带领孩子一起做好哪些准备呢？

幼小衔接这个话题，是每一位小学新生父母所关注的。我们先来看看幼儿园和小学有哪些不同。

首先，每日安排不同。幼儿园以保育为主，小学主要以学习为主，这就要求孩子保持更长时间的专注状态，在课堂里不仅要坐得住，还要保持旺盛的精力，积极参与学习活动。

其次，学习任务不同。虽然在幼儿园也会进行相关学习，但在小学，孩子的学习任务将更多与学科相关，对认知能力也有了更多的要求。

最后，学习环境不同。孩子将离开熟悉的伙伴、老师，进入一个全新的学校。在这里，有可能一切都是陌生的。在幼儿园，一个班的孩子不超过 30 个。而在小学，孩子将要与更多的同学相处。

因此，孩子需要一段时间适应新老师、新伙伴和新环境。有些孩子在陌生环境中可能感到害怕、焦虑和退缩，无法有效地参与学习。

很多父母担心孩子进入小学时在学业上的准备不足，所以，他们更多地要求孩子们学习识字、数数，给孩子和自己施加了很大的压力。学业上的准备对孩子确实有帮助，可以让他们实现幼升小的顺利过渡，但是过度地准备，甚至幼儿园小学化，反倒对孩子有百害而无一利。

父母帮助孩子调动的内在驱动力越强，孩子执行的意愿就越大，事情被完成的概率就越高。那么，父母到底应该如何调动孩子的内驱力呢？我们可以从以下三个方面来做：

1. 培养习惯

调整作息，早睡早起，建议父母和孩子一起制定并使用时间惯例表。告诉孩子，成为小学生后，在学校的惯例表就是课程表，大家都将按照课程表上课、做操、放学。在亲子游戏中，加入家庭作业，也可以帮助孩子使用惯例表安排自己的作业。

2. 模拟学习

和孩子模拟上学，父母当老师，孩子做学生，逐渐延长孩子"坐得住"的时间。也可以请孩子当老师，教父母认字、数数，熟悉上课模式。其间学习必要的内容，比如，写自己的名字，学习 10 以内的加法运算。

通常，孩子在幼儿园都已经学会这些了，父母可以和孩子玩游戏，巩固所学。比如，玩手指加法的游戏，父母和孩子食指相碰，四只手变出四个数，然后快速相加，既动手又动脑。

3. 提升能力

培养孩子的自理能力，让他们学会整理书包，准备午餐，学会倾听。

除了学业方面的准备，还可以通过创造有趣的环境，让置身其中的孩子探索学习，并发展出关于自己的两个重要信念：

- 我在这里有归属，而且我与老师有强烈的情感联结。
- 我能行，而且我的贡献是有价值的。

这将会为孩子在学校的成功做好更有效的准备。

老师更容易帮助那些识字和数字计算不熟练的孩子，但是，对那些不知道如何成为学习集体中一员的孩子，帮助起来要困难得多。如何帮助孩子成为集体的一员，如何发展出"我有归属"和"我能行"的信念？我们提炼出了以下能力：

（1）结识新同学新老师——沟通力

一般来说，老师通常在开学前都会家访，这是一个帮助孩子适应新环境的好机会。在进入学校之前，结识老师，让老师了解自己，会让孩子更有安全感。

父母可以在老师家访前和孩子准备自我介绍的内容，以及想问老师的问题，帮助孩子在家访中和老师建立联结。

父母也可以提前了解一下，同学中有没有孩子认识的伙伴，让他约小伙伴一起玩，使友谊继续。父母和孩子还可以一起玩"开学第一天"的角色扮演游戏，帮助孩子认识新同学、新老师。同时参考第七章关于沟通力的内容，和孩子一起练习如何用心倾听、自信表达。

（2）与他人合作——社会力

在集体生活中，在玩耍的过程中，要引导孩子和其他孩子共同做决定，而不是什么都要按照自己的方式来。

当然，这并不意味着决定的过程总是一帆风顺的。参照"社会力"一章，和孩子玩合作性的游戏，共同讨论游戏规则。当孩子不遵守规则时，停止游戏，让孩子理解规则的重要性。

（3）善于调整自己的情绪——情绪力

孩子要能够控制强烈的情绪，比如愤怒、沮丧和失望，而不是总被那些情绪击败。就像很多能力一样，情绪力会随着孩子的成长和发展而改善。

进入小学，孩子的情绪管理能力会比幼儿园阶段强很多，但是仍然会遇到很多挑战。参照"情绪力"一章，和孩子玩情绪管理的游戏，共读绘本，建立冷静角，制作平静选择轮等，帮助孩子更好地认知情绪，疏导情绪，自我调节。

（4）培养勇气和成长型思维——自信力

孩子需要相信自己有能力把事情弄明白，并且坚持寻找答案来解决充满挑战的问题。当然，他们也需要能够在自己真正陷入困境时寻求帮助。参照"自信力"一章，和孩子讨论他可能遇到的挑战及其解决办法。邀请孩子一起准备文具，挑选心爱的书包、铅笔等，也是一个解决问题的机会。

已经掌握以上这些能力的孩子，无论他是否熟练掌握了一些汉字和数字，他都已经为进入小学做好了准备。

由此可见，社会情感学习能力——自信力、情绪力、沟通力、社会力、执行力、思辨力，都对幼小衔接非常有帮助。

当孩子步入小学的时候，通常不会像进入幼儿园时产生分离焦虑，因为他们对于集体生活已经有了经验。但是，幼升小仍然是孩子人生中的一个飞跃，他们开始进入正式的学习阶段。父母将自己设想成那个将要进入小学的孩子，对于帮助孩子平稳过渡很有帮助。

和同学之间有矛盾，怎么办？
——让孩子直面问题，重建友谊

小双今年读小学二年级。她的新同桌总欺负她，拿她的名字开玩笑，还故意把笔放在桌子中间，笔尖冲着小双。当她被笔尖戳到，同桌就哈哈大笑。小双因此很难过，妈妈问了好几次，她才委屈地告诉了妈妈这件事。

人类是社会性的存在，孩子终归要走入社会，迎接人际关系的挑战。如果你的孩子遇到案例中小双的问题，你会怎样做？

首先，明确界限和责任。孩子是当事人，父母是孩子的监护人。父母要行使监护权并对孩子进行教育。孩子年龄越小，父母介入得应该越多。当孩子与同伴发生冲突时，父母不应该冲在前面替孩子解决，因为孩子需要从中学习如何应对。

其次，教会孩子应对的态度和方法。你教给孩子的，必然是自己在面对这些问题时的态度和方法。对"是否要教孩子打回去"这类问题争论不休，正是因为不同父母的态度、价值观不尽相同。

小双的妈妈是这样做的。她觉察到小双的情绪："我看到你这几天回到家都很不开心。"感受到妈妈的关心，小双眼圈渐渐红了，投入妈妈的怀抱。待小双情绪平复些，妈妈问："发生了什么？"小双把学校里和同桌发生的事情告诉了妈妈。

"同桌这样对待你让你很难过。"

"嗯，我不想被他嘲笑。他用铅笔扎我，很痛。"

"我们一起想想办法。"

"好。"

"请老师帮忙？"

"不行。下课了老师不在。"

"我们现在只把想到的办法先写下来，再来看看哪些管用。"

"好吧。下课的时候我去找好朋友玩，离开他。"

"好的，我记下了。"

"不理他？"

"嗯。他笑话你的名字时，你告诉他，他的名字很好。"

妈妈和小双想出了好几个办法。

最后，妈妈又开玩笑地补充了一个："召唤神龙把他抓走。"

妈妈和小双都笑了。

小双决定试试妈妈提出的一个办法，直接告诉同桌自己的感受。妈妈扮演同桌，假装嘲笑小双，请小双直接告诉对方内心的感受。小双不确定自己能不能做到，妈妈和小双又反复练习了几遍。

第二天，当同桌又嘲笑小双的名字是"又又又又"的时候，小双没有生气，也没有哭，她看着男孩的眼睛，鼓足勇气对他说："你这样说我很生气，我希望你不要笑话我的名字。"

同桌愣了一下，然后转身走开了。

在这个案例中，妈妈要做的是：

- 首先明确问题的处理权属于孩子；

- 允许并接纳孩子的情绪，而非压制，这样才能引导孩子认知并管理自己的情绪；

- 问孩子打算怎么解决，引导其思考；

- 和孩子一起头脑风暴；

- 请孩子选择一个想尝试的办法；

- 以角色扮演的方式练习解决问题。

在妈妈的引导下，小双感到自己的情绪被接纳了，并从中学到了如何自信地表达自己的感受，维护自己的尊严和权利。当然，这不是唯一的方法。如果事情发展为校园霸凌，就要请老师和学校介入，寻求帮助。

处理人际关系是孩子需要学习的重要能力，孩子会首先从父母身上学习。父母如何与孩子相处，面对问题时如何解决，也会影响孩子处理自己人际关系的方式。对于如何交朋友，孩子的确还没有那么多经验，交到损友的风险客观存在。首先要明确的一点是，这是孩子自己的事情，父母绝不能替孩子做主，而是要帮助孩子在友谊的路上走得更远更稳。

同时，父母可以邀请孩子聊一聊他的朋友，听听他们之间发生的事情，有哪些美好，有什么挑战。当孩子的友谊遇到挑战的时候，父母可以使用"五指山"法，帮孩子看清问题，理清思路，然后交由孩子自己去处理。父母也可以让孩子邀请朋友到家里来玩，鼓励孩子到朋友家里去玩，增进他们之间的了解，降低未知的风险。

当孩子把时间花在交朋友、玩耍上的时候，父母经常担心，是否会占用学习时间而影响孩子的成绩，会不会交到损友被带坏。其实，交朋友是孩子必然的需求，即便遇到挫折，也是成长的必经之路，有助于提高处理人际关系的能力。学习，不仅仅要向课本学，更要向身边的人学，从社会交往中学习。因此，请把友谊的美好和挑战都还给孩子。

孩子不愿意上学，怎么办？
——共情孩子的感受，一起想办法

小岩刚上小学。某一个周二早上，她似乎很不开心，对妈妈说自己不愿意去学校，要求妈妈帮她向老师请假。妈妈耐心地问："为什么要请假呢？"

小岩说："同桌总是打扰我听课，害得我连老师的问题都没有回答出来。老师也批评我听课不认真。"

这已经不是小岩第一次不想去学校了，如果妈妈不同意，她就会生闷气或是哭闹。对此，妈妈应该如何做才能帮助她呢？

父母在面对不肯上学的孩子时，内心的焦虑恐怕不会比孩子少。虽然父母能理解这是孩子跨入人生新阶段的必要过程，但是他们很难淡定应对。

父母如果能把这个过程看作培养孩子社会情感学习能力的好机会，那是不是就能更有信心处理这个问题呢？那么父母可以怎么做呢？

1. 联结：让孩子感到安全

在学校环境中，孩子会遇到性格不一的同学，除了学习之外，还需要去处理与同学、老师的关系，这些都是孩子在家庭环境里不曾经历的。

有时会听到父母评价自己的孩子特别敏感，一些微不足道的事情会被他放大，而且极易因此情绪失控。这是因为孩子有着强大的感知能力，当周围环境发生变化时，他的情绪会反映到身体上，紧张、担心会让孩子感到心跳加快、呼吸急促等。

敏感可以保护孩子远离危险，可是敏感也会让他们陷入麻烦和困境，止步不前。

孩子对这个世界的探索，从出生起就开始了。根据埃里克森的心理社会发展阶段理论，3~6岁的孩子有一项重要的任务：探索自己及其周围的世界。在这个阶段，他们在探索的过程中如果遭遇打击或者获得负面反馈，就会失去信心，变得畏惧、退缩。他们会退回自己熟悉的环境，断开与外界的联结，为了避免失败，不再尝试。

首先，父母要让孩子感受到自己是安全的，周围的世界也是安全的。安全感让孩子关掉自身的"报警装置"，安心地继续探索和学习。安全感是自信的基础，只有感到安全才会有勇气面对困难。

在大脑镜像神经元的作用下，孩子和父母的情绪会相互传染。所以父母需要让自己保持平静，做几个深呼吸，用自己平稳的情绪去感染孩子，帮助他平静下来。同时，父母可以通过肢体接触帮助孩子平静下来，拥抱孩子，轻轻安抚。肢体上的联结能让孩子感受到来自父母的关心和爱。

2. 表达彼此的想法与感受

"我不去上学"是孩子带着情绪的想法，也可以说情绪左右了他的想法，再影响到他的行为。所以让我们先与他的情绪交流一下吧。

父母可以带着同理心倾听孩子，允许孩子表达。让孩子把自己所遇到的事情和所担心的问题一一表达出来。在孩子表达的时候，可以让孩子自己说出感受，也可以用"你看起来/你听起来/你感到"+情绪词汇，"因为"+客观事实，"你希望"+意图和需要等句式帮助孩子说出他的感受。例如：

你很生气，因为同桌干扰你，你没能回答出来问题，你希望他在上课的时候保持安静。

你感到很难过和害怕，因为老师批评了你，你希望老师能温柔地对你说话。

当我们在倾听孩子的时候，哪怕觉得孩子的想法不切实际，也不要打断，他说得越多越好，因为这是孩子当下真实的状态。不带评判，不去包办，也不讲大道理，无条件接纳孩子的情绪和想法。

当父母内心非常抗拒孩子的想法时，理解孩子的感受会变得很困难，因为对于孩子的每句话，父母在心里都会去评判甚至否定。父母的心理活动和情绪也会转化成表情、行为传递给孩子，此时孩子很容易感受出父母的言不由衷。

共情孩子，理解他的想法不等于支持他的决定。此时，父母也不用掩饰，听完孩子的表达之后，父母也可以表达自己的情绪和想法。

看到你不舒服，我很担心。

听到你说不想上学，我感到很疑惑，因为以前你说你很喜欢这门课的。

我很担心，马上要考试了，如果落下课会影响你的考试成绩。

我很无助，因为我要去上班，不能照顾你，把你一个人留在家里，我很不放心。

在我们真诚地表达自己的想法和感受时，也可以邀请孩子复述我们的话，让他们理解我们。双方坦诚沟通，可以解开心结，也会拉近彼此的距离。当我们理解和信任孩子的时候，我们也会赢得孩子的理解和信任。与此同时，孩子也在学习如何共情、尊重和倾听。

3. 教孩子方法，一起解决问题

经过了以上动之以情的联结，接下来便进入晓之以理、解决问题的环节。上学、学习是孩子的事，父母的责任是提供条件，支持和帮助他更好地开展学习。每个孩子都有求知的欲望，当孩子提出不愿意上学时，很可能是因为他受挫了，遇到了困难和挑战，而自己对此束手无策。那么此时就需要父母出手相助，和孩子一起想办法克服困难。

（1）分离焦虑引起的上学恐惧

孩子在与家人分离进入陌生环境时产生的焦虑感受，叫作分离焦虑。分离焦虑的背后是孩子缺乏安全感。父母除了要修复与孩子的依恋关系之外（可参考第二章"依恋关系的建立"等相关内容），还可以把这份安全感用一件物品或一个暗号传递给孩子，用这些延续父母和孩子的联结。

① 在一件物品上寄托安全感

比如，让孩子随身带着熟悉的玩偶、手绢等物品，也可以带代表妈妈的物品，如有妈妈味道的毛巾。在和老师沟通好之后，让孩子带着他熟悉的物品去学校。

② 用一种暗号传递爱

比如，告诉孩子，自己和孩子之间有一根看不见的线，妈妈把这根线绑在他的衣服上或扣子上，或头发丝上……当他想妈妈的时候可以摸一摸，妈妈会接收到他的信息。可以先在家里模拟和强化这个暗号。又比如，出门前在孩子手心留下一个吻，当孩子想妈妈的时候，可以展开手心，亲一亲妈妈留下的吻，就像吻妈妈一样。

（2）和其他人的冲突引起的上学恐惧

在学校里，孩子和同学的互动最为密切，也最容易因为各自想法不同、做法不同而产生冲突或摩擦。处理与同学相处中的问题时，正是发展社会力和思辨力的机会，父母可以适时引导孩子进行练习。

① 欣赏多样性

世界上没有两片一模一样的叶子。对同一件事情，我们的看法和想法也会各有不同，要允许别人和自己有不同的想法和做法。理解和接纳不同，可以为我们打开另一扇思考问题的窗户。理解和接纳并不意味着赞同，而是以此为基础，找到合作的契机。和而不同，让这个世界更加多姿多彩。

② 寻找解决方法

在倾听孩子的时候，他已经说出了困扰自己的问题，然后也表达了感受。接下来可以用"想、探、选"三个步骤来寻找解决方法。

- 请孩子想想有什么办法可以解决这个问题。

- 探索每个想法的后果。"如果不上学，会怎么样？"带着好奇心和孩子一起探索，问一些开放式的问题，引导孩子看到不同做法的后果。

- 最后做出选择。除了不上学，还有没有其他解决方法？有没有愿意现在就去尝试的方法？

在这个过程中，如果遇到新的问题，也可以请孩子重复用"说、感、想、探、选"的步骤来寻找解决方法。孩子运用自己选择的解决方法之后，记得跟进，听听他的反馈。

后记

与孩子一起，做内心有力量的人

一本书的后记就是一种仪式，在此仪式上，作为作者，我们三个人将不可能完美也无法完美的作品交给读者评判，也将不完美的自己，坦率地呈现给世界，不免诚惶诚恐，这绝不是掩饰自己的作品瑕疵的借口，也不是博取谅解的伎俩。因为我们知道，吸收前人智慧除了知道还需要做到，如此才能在巨人的肩膀上创新一点点。

距离提笔写这本书有一段时间了，这段时间很多事情发生了改变。我们习惯了戴口罩，不再出国旅行；和朋友面对面的交流变少了，和家人相处的时间多了；我们熟悉了线上协同办公，缩小了办公室面积；对着屏幕的交流变多了，对线上课程的恐惧少了……

当我们不能坐在一个教室里学习的时候，我们拥有了一个更广阔的互联网大教室。在这个时期，钻研社会情感学习让我们能面对压力、拥抱变化、寻求突破，更深刻地感受到社会情感学习对于孩子和成人，如此重要。

我们和团队的小伙伴一直在以自己的方式教授、传播并继续深入学习 SEL。我们分别设计了给幼儿园老师、家长、孩子的 SEL 线上课程，还把线下的 SEL 讲师班搬到了线上。我们进入幼儿园做 SEL 的研讨和落地活动；与华东师范大学合作

SEL 的评估项目；开设 SEL 夏令营；尝试开启 SEL 的社群学习模式；我们所在的慧育家更是第四次举办了 SEL 国际论坛……我们愿意在自己可以影响的范围内，更多地把社会情感能力教给孩子。

因此，这本书的内容不仅仅是思考的成果，更是实践的记录和反思。一个个真实的发生在我们和我们身边的人身上的故事，让它不仅有深度而且有温度，不仅可实操而且被验证，它不完美，但是很真实。

社会情感学习的鼻祖、畅销书《情商》的作者丹尼尔·戈尔曼说，培养情商最关键的时期是童年，最重要的场景是家庭，并且从大脑科学、心理学等角度提出了诸多佐证。虽然我们正在以批判性思维来读《情商》，但是对这一观点深表赞同。这也是我们强调"在家庭里培养孩子社会情感学习能力"的原因：我们希望从影响家长群体开始，让家长有意识地抓住这个关键时期，帮助孩子发展社会情感学习能力，让这个世界更多一些幸福的，内心有力量的，负责任、能奉献的人。也正是出于这一原因，我们在这本书里更聚焦于低龄儿童的案例。期待未来随着经验的持续积累，继续写少年、青年，乃至成人的社会情感学习。

得益于多年正面管教的浸润，家庭里的社会情感学习框架以亲子关系为基础，以能力培养为主体，以家庭会议为实践，从而形成了一个闭环。同时，SEL 的CLEAR 模型也是做父母必不可少的修炼。

社会情感学习能力是可以培养的，它可以在学校里作为课程来教授，可以与学科相结合，还可以通过冬夏令营或兴趣班来影响孩子，而家庭是进行社会情感学习、培养孩子社会情感学习能力的关键环境。我们相信可以读到这本书的家长，已经有了 SEL 的意识，关注孩子除学业成绩之外，社会情感学习能力的培养。非常希望这本书可以帮助大家迈出一小步，从亲子活动开始，从改变自己开始，通过培养孩子的情绪力、自信力、沟通力、执行力、社会力、思辨力以及举行家庭会议，让 SEL 在家庭生根，帮助自己，影响孩子。

在本书即将出版之际，我们首先要感谢一下与我合著本书的两位伙伴，你们的陪伴和鼓励给了我们彼此更多的勇气；感谢一直在支持我们的家人和朋友；感谢一直在协调出版事宜的李静老师；感谢背后默默提供支持的慧育家的同事们；也感谢正面管教这门课程和相关书籍，让中国的更多教育者开始了解SEL。

"道可顿悟，事需渐修"，完成了这本书，对我们自己来说，也意味着更多行动的开始。

张宏武　　刘奕敏　　薛圆圆

参考文献

［1］鲁道夫·德雷克斯，薇姬·索尔兹. 孩子：挑战 [M]. 甄颖，译. 北京：生活书店出版有限公司，2015.

［2］卡罗尔·德韦克. 终身成长 [M]. 楚祎楠，译. 南昌：江西人民出版社，2017.

［3］柏蒂·璐·柏特纳尔，艾米·露. 家庭会议 养育“我能行”的孩子 [M]. 张瑞，译. 海口：南海出版社，2017.

［4］王霄. 5 堂幸福课 [M]. 北京：人民邮电出版社，2018.

［5］丹尼尔·格尔曼. 情商：为什么情商比智商更重要 [M]. 杨春晓，译. 北京：中信出版社，2015.

［6］阿尔弗雷德·阿德勒奥. 超越自卑 [M]. 黄光国，译. 北京：国际文化出版公司，2005.

［7］史蒂芬·柯维. 第三选择：解决所有难题的关键思维 [M]. 李莉，石继志，译. 北京：中信出版社，2013.

［8］丹尼尔·平克. 驱动力 [M]. 龚怡屏，译. 杭州：浙江人民出版社，2018.

［9］罗曼·克兹纳里奇. 同理心：高同理心人士的六个习惯 [M]. 北京：中信出版社，2018.

［10］安娜·耶纳斯. 我的情绪小怪兽 [M]. 济南：明天出版社，2017.

［11］蒙特斯·吉斯贝尔法. 小情绪 大情感［M］. 重庆：重庆出版集团，2015.

［12］柏蒂·璐丹·柏特纳尔，艾米·露. 造化：孩子是如何形成个性的［M］. 张宏武，译. 北京：世界知识出版社，2017.

［13］简·尼尔森. 正面管教：如何不惩罚、不娇纵地有效管教孩子［M］. 玉冰，译. 北京：京华出版社，2009.

［14］丹尼尔·西格尔，蒂娜·佩恩·布赖森美. 全脑教养法［M］. 周玥，李硕，译. 北京：北京联合出版公司，2017.

［15］美国儿童委员会. 启格慧社会情感学习课程［M］. 上海慧蕴文化传播有限公司（慧育家团队）编译. 桂林：广西师范大学出版社，2019.